演讲与口才

(美)戴尔·卡耐基 著　文轩 译

图书在版编目（CIP）数据

演讲与口才 /（美）戴尔·卡耐基著；文轩译. —北京：中国书籍出版社，2020.6
ISBN 978-7-5068-7745-9

Ⅰ. ①演… Ⅱ. ①戴… ②文… Ⅲ. ①演讲②口才学 Ⅳ. ① H019

中国版本图书馆 CIP 数据核字（2020）第 044694 号

演讲与口才

（美）戴尔·卡耐基 著 文轩 译

图书策划	成晓春　崔付建
责任编辑	成晓春
责任印制	孙马飞　马　芝
出版发行	中国书籍出版社
地　　址	北京市丰台区三路居路 97 号（邮编：100073）
电　　话	（010）52257143（总编室）　（010）52257140（发行部）
电子邮箱	eo@chinabp.com.cn
经　　销	全国新华书店
印　　刷	三河市华东印刷有限公司
开　　本	880 毫米 ×1230 毫米　1/32
字　　数	175 千字
印　　张	7.25
版　　次	2020 年 6 月第 1 版　2020 年 6 月第 1 次印刷
书　　号	ISBN 978-7-5068-7745-9
定　　价	48.00 元

版权所有　翻印必究

目录

第一篇　高效演讲的基本方法

第1章　学习演讲的基本方法　/ 002

第2章　树立演讲的自信　/ 018

第3章　高效简便的演讲技巧　/ 032

第二篇　当众演讲的三大内容

第1章　做好演讲的准备　/ 044

第2章　让演讲更具生命力　/ 060

第3章　和听众合二为一　/ 069

第三篇　当众演讲的有效方法

第1章　激励性演讲的办法　/ 084

第2章　说明性演讲的技巧　/ 101

第3章　说服性演讲的办法　/ 116

第4章　即时演讲的办法　/ 126

第四篇　当众演讲的交流技巧

第1章　进行演讲的办法　/ 136

第2章　使语言表达更完美　/ 146

第3章　使演讲风格和个性更加完美　/ 163

第五篇　向成功演讲下战书

第1章　介绍性演讲的办法　/ 180

第2章　长篇演讲的办法　/ 193

第3章　应用于实践　/ 214

· 第一篇 ·
高效演讲的基本方法

所有的艺术都有根本的原则和技巧。这本书的第一篇主要研究高效演讲的基本原则以及什么样的态度能够让这些原则产生实际效果。在成年人的观念中,快速简单的有效演讲更容易吸引人们的注意力。想要在短时间内看到实际效果,只有一个办法,那就是端正态度,制定目标,并在这一基础上坚持基本原则。

第1章　学习演讲的基本方法

1912年，"泰坦尼克号"在北大西洋冰冷的海水中沉没，也正是那一年，我开设了指导当众讲话的课程。现在，在我手中毕业的学生大概有75万。

第一节指导当众讲话的课程是示范表演。很多学员站在讲台上讲述他们选择这门课程的原因，并且表达通过学习这门课程他们期望获得什么。虽然每个人的说辞都不一样，但是大部分原因和基本需求是一样的："在众人面前讲话时，我会感到有些别扭，总害怕无法保持理智，无法集中注意力，有时候甚至会忘记想说的话。我期望通过学习这门课程，树立自信，改善这种状况，学会自由自在地考虑问题，学会理智清醒地总结思想，无论是在商业场合还是在社交场合都能如鱼得水，逻辑清楚，使语言更富魅力。"

这些话听起来真的太熟悉了。相信你也曾感到力不从心吧，你期望自己在众人面前演讲时开口成篇，侃侃而谈，令人信服吗？既然你已经打开了这本书，相信你也同样期望有能力成功演讲。

你的想法我都知道。我认为你会问："卡耐基先生，在你看来，我真的能树立自信，在众人面前口齿清晰地演讲吗？"

我几乎用整个生命帮助人们消灭内心的恐惧，建立自信，培养勇气。如果罗列我的班级中发生过的奇迹，恐怕要几十本书。所以，你的问题根本不在于"在我看来"，只要你按照书中提出的方法和建议坚持练习，你就可以做到。

当我们站在众人面前时，根本无法像坐着一样理智地思考，这是为什么呢？很多人在众人面前站着讲话时，会感到胃部翻腾，身体发抖，而且他们无法控制，这又是为什么呢？只要我们通过训练和练习，就能够克服这些困难，面对众人就能够不再恐惧，并且有强大的自信心，这一点不容置疑。

在这本书的帮助下，你能够实现这个心愿。这并不是简单的教科书。这本书中没有大量列举说话的技巧，没有指导人们怎样发出声音，而是在怎样训练人们成功演讲方面提出了具体措施。它以现实为基础，慢慢把你培养成一个你希望成为的人。在这一过程中，你应该尽量配合，把书中提到的建议尽量运用在所有需要说话的场合，并且坚持下去。

下面的四条意见会帮助我们更快地了解这本书，并从这本书中获得最大的收益。

一、学习间接经验,提升勇气

在历史上的某个阶段,当众演讲属于一门精妙的艺术,需要有严谨的修辞手法和高雅的演讲方式,所以,立志成为一名优秀的演讲家并不简单。但是,在现今社会中,说唱结合的演讲方式和振聋发聩的声音已经成为历史,当众讲话无非是一种范围较广的交谈。不管我们是在晚餐聚会,还是在教堂做礼拜,直率真诚的语言都更能打动我们,即便在家看电视、听收音机也是如此,我们更愿意接受理性思考,真诚沟通,而不是面对我们侃侃而谈。

当众讲话并非封闭的艺术,大量教科书中说,想要掌握这门艺术必须通过长时间的声音美化,必须通过繁重的语言训练,但事实并非如此。我多年的教学经历证明了一个事实:当众讲话并不难,我们只需要遵守一些简便却重要的规律就能够做到。1912年,我在纽约市第125大街的青年基督教会开始了成人教育,那时的我和大多数刚入学的学员一样,蒙昧无知。刚开始,我讲授这些课程的方法和我在密苏里州华伦堡学院受到的教育基本相同。但不久,我就发现我犯了一个错误:我竟误以为那些混迹商场的人士就是大学生。我意识到让他们模仿演讲大师韦伯斯特、巴克、皮特和欧·康奈尔等人,根本毫无价值。我的学员想要达到的效果是有勇气在下次商务会议上做一次清晰流畅的报告。因此,我放弃了教科书,走上讲台,把一些简单的概念告诉他们,直到他们能够满怀信心地完成报告，表达自身想法。很多人在完成学业后，再次回到这里学习，显然，这个办法效果不错。

如果大家有时间，我希望有人能够去我家或者我在全世界范围内的办公室参观，那里有学员写给我的信。写信的人有企业界的大咖，我们经常能在《纽约时报》和《华尔街日报》上看到他们，有州长、国会议员、大学校长和娱乐圈的名人，当然，更多的信是家庭主妇、教师、年轻的男男女女们这些生活中的平凡人写的，写信的人中有些人在企业中已经受到培训或者没有受到培训成了企业的主管，有些人是熟能生巧或者一窍不通的工人、工会职员、在校大学生和职业女性。他们都已经建立起了良好的自信心，认为自己有能力在公开场合表达自身想法。他们已经基本克服了这两种障碍，对我十分感谢，所以写信寄给我表达谢意。

我刚开始创作这本书时，大脑中飞速闪过了一个人。在上千名的学员中，他给我留下了很深的印象。他是费城一位十分成功的企业家，我称他为根特先生，他加入我的培训班不久后就请我一起吃饭。饭桌上，他略微倾斜着身子，说："卡耐基先生，我以前有大量在公开场合讲话的机会，但我总是想办法躲开。现在，我已经在一家大学的董事会中担任主席了，主持各种会议是我的工作内容之一。但我年事已高，你觉得我还有可能学会当众讲话吗？"

其实，我的培训班上有很多和他有着相似经历的人，所以，我肯定地告诉他，他一定可以学会。

过了3年，在企业家俱乐部，我们又一次见面了，并且一起

吃了午饭。就在我们曾经吃饭的那个餐厅的那张餐桌上，我们聊起了当初的话题。我询问他，当初我说的话有没有成为现实，他笑了笑，摸了摸口袋，拿出来一个红色的本子，上面记载的都是他未来几个月安排的演讲日程表。他表示，"能够进行这些演讲，演讲的时候得到的愉悦感和以自身能力更好地服务于社会，是我一生中最快乐的事。"

现实还不止这样。英国首相受邀来根特先生所在教区演讲时，向众人介绍这位旅美之行的卓越政治家的正是根特先生，对此，他十分自豪。

3年前，在这张餐桌上问我，能否学会当众演讲的也是此人。

此外，还有一个案例：大卫·格力屈先生已经去世了，他曾是格力屈公司的董事长。某天，他敲开我办公室的门说："每当在众人面前讲话时，我都会惊慌失措。但是我是公司的董事长，主持各种会议是无法避免的一项工作。我和董事们都很熟，当大家坐在一张桌子上聊天时，我完全可以出口成章。但如果我站起来，就会感到害怕，甚至说不出一句话。这种状况已经有很多年了。我渴望得到你的帮助，多年的遭遇让我意识到了问题的严重性。不知道你有没有办法？"

我简单回应了一句，问道："你既然不知道我是否能够帮助你，那还找我做什么呢？"

他回答说："要说原因，要提起一个为我处理私人账目的会计。他本来是一个十分羞涩的小男生，每天当他走进办公室时，都会从我的办公桌前走过。这么多年，他每次经过时都小心翼翼，两只眼睛直勾勾地看着地面，基本不说话。但是最近，他有了很大的改变，每天红光满面，进办公室时昂首挺胸，甚至还落落大方地跟我打招呼。对此，我感到很震惊，于是，询问了他原因。他跟我说这些改变都是因为加入了你的训练课程。我亲眼看到了他的变化，所以希望得到你的帮助。"

我告诉格力屈先生，如果他能够按时按点参加课程，并且在我的指导下训练，那么只需要几个星期，他就有勇气在公众面前讲话了。

他回应说："如果真像你说的一样，我改变了，那我一定会成为全美国最幸福的人。"

他一直按时上课，进步很快。3个月过去了，阿斯特饭店舞厅要举行一次大型宴会，有3000人参加，我邀请了他，希望他能进行演讲，说一说训练带给他的好处。但因为他有约不能前来，对此感到十分抱歉，不过第二天他改变了主意，电话通知我可以参加。他说："我取消了原本定好的约会，能够为你演讲，是我的荣幸。我希望把我从训练中得到的一切分享给人们，用亲身经历鼓励他们，帮助他们战胜那些正在一步步吞噬他们生活的胆怯。"

我要求他演讲两分钟，但结果却是他在3000个人面前说了整整11分钟。

在我的班级中，我看到过上千次这样的奇迹。我发现很多人的生活通过我的训练发生了很大的变化：一些人得到了朝思暮想的提升，一些人通过培训在商场、工作和交流中获益匪浅。很多

第一篇 高效演讲的基本方法

情况下，想要做成一件事，一次演讲足以。接下来，我们说说玛利欧·拉卓的事情。

我曾经收到过一封从古巴寄来的电报，这是多年前的事情了。电报中写道："如果你不发电报阻碍我的行为，我一定会马上去纽约参加演讲培训。"写电报的是玛利欧·拉卓。但我对此人一无所知，根本没有听过。

拉卓先生来到纽约。他说："哈瓦那乡村俱乐部即将举行一场大型庆祝大会，目的是祝贺其创始人50岁生日，我被选为晚会的主持人，并且要为创始人颁发纪念章。我的职业是律师，不过我从来没有在公众面前演讲过。只要想到要当着那么多人讲话，我的内心就充满了恐惧。如果事情做得不漂亮，我和我的妻子就太尴尬了。在我的委托人眼中，我的形象也会大打折扣。所以，我专门从古巴过来，希望得到你的帮助。但是我只有三个星期的时间。"

三个星期内，我安排玛利欧在多个班训练，每天晚上都有演讲，一天三次或者四次。三周后，哈瓦那俱乐部的宴会如期举行，他在宴会上发表了演讲，精彩极了，《时代周刊》特意在国外新闻栏目中报道了这件事，并给了他"银蛇演讲家"的称号。

这些事情听起来几乎不可能发生，确实如此吗？的确是这样，这是20世纪的人们战胜内心胆怯的奇迹。

二、时刻牢记目标

根特先生讲述着在众人面前说话的技巧，这些技巧他最近才熟练了，这给他带来了无穷的乐趣，我想他之所以能够成功和这一技巧也有极大的关系（这个原因是所有原因中最关键的）。他按照我们的引导，坚持完成了任务。但是，我更愿意相信他坚持不懈的原因是出于自身的需求，他希望能够做一位成功的演讲家。他把自己当成是未来的美好形象，然后为此坚持不懈地奋斗，最终实现了梦想。同样，你也必须这样做。

把所有的精神聚集在一个点上，每时每刻都告诉自己要保持自信，要注意培养当众演讲的能力，这一点很关键：设想你通过这种能力结识的朋友在人际交往中的重要价值，设想你可以显著提高自己为群众、为社会服务的能力，设想你的人生和事业都会因它而发生改变。总而言之，你的领袖之路因为它扫清了障碍。

艾林是国家现金注册公司的董事会主席，同时也是联合国教科文组织的主席，他在《演讲季刊》中发表了一篇文章，题为《演讲与领导在事业上的关系》。在该书中，他说："历史上很多从商人士都是因为在演讲方面有突出的表现，然后才被伯乐发现的。多年前，一位主管卡萨斯小分行的年轻人，在当地发表了一次出色的演讲，现在，他已经成为公司的副总裁了，主要负责业务。"不过，我恰巧知道这位副总裁同时担任着国家现金注册公司总裁。

有能力在众人面前淡定从容地演讲，会带给你的未来无限可能。美国舍弗公司的总裁亨利·布莱克斯通也是我的学员之一。他说："我们需要的积极进取的人应当具备和他人有效交流的能力，并在交流中争取达成合作，这种能力是一笔宝贵的财富。"

我们设想一下，如果你可以自信满满地站在众人面前，和他们分享你的思想和情感，那种感觉该多么满足，多么舒服啊！通过多次的环球旅行，我明白了一个道理，如果能够用语言的魔力对全场的听众产生影响，那么你所获得的成就感是任何事物都无法比拟的。在这个过程中，你能够感受到力量和强大。一位毕业生曾经告诉我："在上台演讲的前两分钟，我宁愿接受鞭打也不愿意上台演讲，但是在演讲结束的最后几分钟里，我更希望时间停留在那一刻，即便让我挨一枪我也愿意。"

现在，你可以闭上眼睛，想象一个场景：台下坐满了听众，你满怀信心地走上了演讲台，开场后全场的听众没有一个人说话，你开始了演讲，语言通俗，道理深奥，一语中的，全场听众都聚精会神地听着，演讲结束，你离开演讲台，全场响起了热烈的掌声，你面带微笑接受大家的称赞，多么温暖的画面啊。我相信，这里包含的魔力和惊喜会让你永生难忘，请你也相信这一点。

威廉·詹姆斯是哈佛大学杰出的心理学教授，他曾经说过6句话，我想这6句话可能会影响你的一生。也正是这6句话，成了阿里巴巴探索藏宝穴的秘诀：

只要你满怀激情，不管什么课程，你都可以顺利完成。

如果你对结果给予厚望，那么你一定可以拥有它。

只要你希望做好，那么你一定可以做好。

如果你对财富充满渴望，那么你一定会得到它。

如果你希望成为一个博学的人，那么你一定会博才多学。

只有对这些事情发自内心地渴望，你才可能一心一意，不会三心二意，花费时间想一些无关紧要的事情。

实际上，学习在众人面前有效地讲话，不只是为了应对比较正式的公开演讲。或许你这一生都没有机会进行正式的公开演讲，但是接受这类培训同样会使你受益匪浅。比如，当众演讲能够帮助你树立自信心。如果你知道自己可以站在众人面前有条理地讲话，那么你在和他人交流的时候，一定会信心百倍，且勇气十足。大多数参加我"高效演讲"课程的人，都是因为在公众场合总是感到羞涩拘谨。但是他们一旦发现自己完全可以站着和同事聊天，这并不是什么大不了的事情时，就会发现自己的拘谨原来就是一个笑话。通过训练，他们变得更加潇洒自在，他们的家人、友人和工作上的客户与合作伙伴对他们的印象都有了很大的改观。大多数毕业的学员都是因为看到了周围人发生的翻天覆地的变化，所以才选择参加课程的。格力屈先生就是其中之一。

　　通过这种训练，人的性格会在一些方面发生变化，但是这种变化并不会马上表现出来。前不久，我和大卫·奥尔曼博士聊天，他是大西洋城的外科医生，也是美国医学学会的会长，我们的聊天围绕接受在众人面前的训练，对一个人有哪些好处，重点是对人的生理和心理健康有哪些影响。对这一问题，他认为："这一问题最完美的答案是一个处方，但是处方上的药物在药房是抓不到的，我们每个人都需要自己配药，如果有人认为自己做不到，那就大错特错了。"

　　这张处方就放在我的桌子上，每次我读它，都会有不一样的收获，下面是奥尔曼博士写的处方：

　　用心提升自身能力，让他人住进你的大脑和心灵中。尝试面

对个别的人，或者面对众人清楚地表达你的想法和理论。如果你不断努力并获得了进步，你就会发现，你——真正的你——正在为自己创造出一个前所未有的全新的形象。

于你而言，这个处方的收获是双份的。只要你尝试和别人交流，你的自信心必然会逐渐增加，你的性格必然会更加温柔、完美。这表明你的情绪已经越来越趋向于好的状态。随着情绪的改变，你的身体自然也会不断变好。在我们生活的环境中，不管是男性还是女性，不管是老年人还是儿童，都逃不开当众讲话。虽然我不知道当众讲话在工商业中能够带来多少利益，但是据众人反映，拥有这一技能便会拥有无穷无尽的利益。但是我很清楚它对健康的好处。如果你抓住每一个和几个人或者很多人说话的机会，你一定会说得越来越好，我就是如此。此外，你还会感到神志清爽，心情舒畅，甚至觉得自己趋于完美，这对你来说会是一种前所未有的体验。

这是一种十分奇妙的感觉，是所有药物都无法带来的体验。

所以，第二步引导就是想象着你正在做那件让你感到害怕的事情，且做得十分成功，想象着你已经完全有能力在众人面前讲话，而且已经被他们接受了，此外，你还从这件事情中获得了很多好处。记住威廉·詹姆斯的话："如果你对结果给予厚望，那么你一定可以拥有它。"

三、坚信自己，必定成功

记得我参加过一个广播节目，节目要求我用3句话简单说明我曾经学到的对我最重要的一门课。当时的我这样描述："对我来说，最重要的一课是思想对我们而言至关重要。如果我能够看透你的思想，那我就会对你了如指掌，因为是思想成就了我们。如果能够改变我们的思想，那我们的一生也会随之改变。"

既然你已经定下了树立自信心和有效交流的目标。那么，从此时此刻开始，你就要更加积极，想象着这些目标一定能够成为现实。你一定要以一颗轻松愉悦的心面对在当众演讲方面付出的努力，在每一个词语，每一个句子，每一项行动上刻上你的决心，尽心尽力地提升这种能力。

我这里有一个故事可以有力地证明这一看法。

不管是谁，只要渴望挑战语言表达能力，就必须有坚持不懈的决心。我所讲的故事的主人公现在已经成为商界的奇迹了，他是企业最高层的管理人员。但他在大学却有过一段完全不一样的经历，第一次在大学里站在众人面前讲话时，他不善言谈，落荒而逃。老师立下规矩，每位同学要进行5分钟的演讲，但是他还没有讲到一半，就脸色惨白，泪眼汪汪地急忙从讲台上走了下来。

但这次经历并没有彻底打败他。他下定决心，一定要成为一名非常成功的演讲家，为此他不断努力，从未放弃，最后他成了政府的经济顾问，受到了世人的尊敬，这个人就是劳伦斯·蓝道尔。《自由的信念》是其代表作品之一，这是一本思想内涵极其丰富的书，在这本书中，他曾经谈论到当着众人演讲的状况："我的演讲安排得很紧张，我需要出席厂商协会、商务会、扶轮社、基金筹募会、校友会和其他团体举行的聚会等多种聚会。我曾经进行

过一次爱国主义演讲，地点是密歇根州的艾斯肯那巴，在那次演讲中，我谈到了我曾经参加过"一战"；我还和米基·龙尼合作过巡回慈善演讲，和哈佛大学的校长詹姆士·布朗特·柯南合作过教育宣传，也和芝加哥大学的校长罗伯特·哈钦斯合作过教育宣传，我甚至还在一次用餐之后用法语发表过演讲，而且我的法语是十分糟糕的。

"我知道听众内心的想法，更清楚他们想让我用怎样的方式把这些话说出来。对于那些责任重大的人来说，其中的诀窍无非就是，只要你想学，就可以学会。"

我和蓝道尔先生的想法是一样的。你有没有可能成为一名有效的说话者，关键取决于你成功的决心。如果我对你足够了解，清楚你的意志力究竟有多强，知道你是不是一个乐观的人，就可以对你在交流技巧上的进步速度有一个比较准确的判断。

有一位在我中西部班上的学生，进入班级的第一天夜晚就站起来满怀信心地说，做一名房屋建造商已经无法满足他内心的欲望了，他希望成为"全美房屋建筑协会"的发言人。他希望能够在全国各地游走，把他从事房屋建筑行业过程中遇到的所有问题和获得的所有经验分享给人们，这是他的愿望。乔·哈弗斯蒂确实做到了这一点，老师十分喜爱这种学生，因为他有强烈的欲望。

他希望讲述的不只是地方性问题，也包含了全国性问题。对此，他一心一意，精心准备演讲，用心练习，从来没有因为什么事延误任何一堂课，即便是在上一年最忙的时候，他也专心致志地按照所有的要求做事——最终他取得了出人意料的进步。他用了两个月的时间便成了班级里的优秀学生，并且被大家选为班长。

大概过了一年，当初在弗吉尼亚州的诺福弗克市管理这个班级的老师说了一件事："我对俄亥俄州的乔·哈弗斯蒂没有任何印象。某一天早上，我吃早餐的时候，翻看了《弗吉尼亚指南》，没想到竟然看见了乔的照片和一篇关于他的报道，整篇文章充满了溢美之词。报道中说，他在一次地区的建筑商聚会上进行了精彩的演讲，这就是前天晚上的事情。现在，我看到的乔不只是全国房屋建筑协会的发言人，更像是会长！"

所以，想要获得成功，内心的渴求欲十分重要，此外，还必须保持足够的热情，翻山越岭的毅力，以及强大的自信心，相信你一定可以取得成功。

你还记得尤里乌斯·恺撒是如何带领军队获得成功的吗？他们从高卢飞奔而来，穿过海峡，带领军团抵达英格兰。他很聪明，想到了一条妙计：他带着军队到达多佛海峡的白岩石悬崖上，然后看着一把大火把那些运送他们渡海的船只在脚下两百英尺的海面上化为灰烬。他们身处帝国，和大陆已经失去了联系，就连撤退的工具都已经被烧毁了，那么，他们就只能做一件事情，那就是前进！攻占！恺撒就是这样带领他的军队获得最后胜利的。

这就是永垂不朽的恺撒精神。如果你想要战胜面对众人时内心的恐惧，那为什么不去实践这种精神呢？把那些负面情绪全部葬身火海，把所有可能的退路全部切断。

四、抓住所有机会，练习演讲

在"一战"开始以前，我就改变了我在第125大街青年基督教协会开设的课程，状况和当年完全不同。每一年都会有新的观念融入课程，当然，一些陈旧的思想也会随之淘汰。但是有一点始终未变，那就是每一位加入的学员都需要当着众人做一次演讲，当然也可能是两次。为什么会如此呢？因为如果一个人没有当着众人演讲过，就不可能学会这种技能，就好像一个不下水的人永远不可能会游泳。即便你对所有讲当众演讲的书了如指掌，这本书也算是其中一本，依然无法做到当众开口，那这些书对你而言也不会有任何好处。这本书起引导的作用，需要你在实践中运用。

有人曾经咨询过萧伯纳，想知道他在当众演讲的时候是怎样做到盛气凌人的，他回答说："我滑雪的经历给了我很大的启发，不断让自己出丑，直到掌握了这种技能。"萧伯纳年轻的时候，在伦敦可以说是特别胆小的一个人，有时候他去找一个人，经常会在走廊上来来回回走20分钟或者更久，然后才敢去敲门。他很清楚："几乎没有人只因为胆小陷入无尽的痛苦之中，也很少有人因为胆小而感到羞愧。"

幸运的是，他无意识地运用了最迅速、最恰当、最高效的方式战胜了胆小、羞涩和害怕。他下定决心要把这个弱点变成他绝对的优势。于是，他决定参加一个辩论学会，只要伦敦有公众参与讨论的机会，一定会有他的身影。萧伯纳全心全意地为社会主义事业而奋斗，去各个地方演讲，终于，他使自己成了20世纪上半叶最有自信，最杰出的演说家之一。

不管在什么地方，我们都有机会说话，所以不如去参加某些组织，做一些需要我们说话的工作。比如在聚会上，我们可以站起来说几句话，即便只是对他人观点的附和也好。在开会的时候，不要总是悄悄地将自己隐身。大胆地发出声音吧！领导一队童子军，或者参加一些需要积极参与聚会的团队。其实，你只要环视一下四周的工作，就会发现所有的工作和活动都需要我们开口说话，即便是住宅小区也是这样。如果你不开口说话，你这一生都不知道自己可能取得哪些进步。

一位青年商务主管曾经告诉我："你所说的道理我很清楚，但是我还是会对学习中可能遇到的重重困难感到担忧。"

"重重困难？"我回应说，"你千万不要有这种想法。一旦产生这种想法，在你面对困难的时候可能就无法保持争取的态度了，更无法激发你的征服欲望。"

"那是一种什么样的欲望呢？"他疑惑地问。

"简单点说，就是敢于冒险的精神。"我回答说。然后，我又跟他说了一些利用当众演讲获取成功的案例，同时，还告诉了他一些通过当众演讲使性格更加活泼开朗的案例。

最终，他告诉我："我想尝试，我希望能够加入这次探险。"

当你把这本书读下去，并且把书中的内容和实践相结合的时候，你就是在探险。很快，你就会发现，在这场探险之旅中，能够给你提供帮助的是你的自我指引能力和洞察力。同时，你还会意识到，你会被这场探险彻头彻尾地改变。

第2章　树立演讲的自信

"卡耐基先生，5年前，我在你进行演讲的饭店门口犹豫不决，不断靠近大门却始终不敢推开。我很清楚，如果我选择推门而入，加入你的训练班，那我早晚都得当众演讲。所以我的手在门把上停留了，我不敢推门而入；最终，我扭头离开了。

"如果当初我知道在你的帮助下，战胜面对众人讲话时内心的恐惧竟然这么简单，我一定不会白白浪费5年的时间。"

说这些感人肺腑的话的人此时并不是面对桌子对面的人讲话，而是面对200多位听众讲话。这里正在举行一个聚会，是一个培训班的毕业聚会。这位学员的讲话给我留下了深刻的印象，尤其是他淡定从容的样子和满怀信心的状态。我相信，此人一定通过他获得的语言表达能力和自信心，提高了自己处理各种事务的能力，且进步很大。而我作为他的老师，看到他有勇气战胜内心的恐惧，特别开心。设想一下，如果5年前或者10年前的他就已经克服了内心的恐惧，那现在他得到的成功和快乐肯定会更多吧。

爱默生曾经说过："对人类来说，在一切事物中，最能击垮人类的就是恐惧。"这是一个事实，人们对此无能为力。从这一点上说，我对上天充满感激，因为它让我有能力帮助人们摆脱恐惧。1912年，我刚开始讲课时，根本不知道原来人们通过这种训练可以摆脱内心的恐惧，变得不再自卑，而且这种方式效果很好。我意识到，学习当众讲话是一种很自然的方式，它可以让人们战胜紧张的情绪，拥有更多的勇气，建立起自信心。这是什么原因呢？因为当众讲话让我们的内心不再感到害怕。

经过这么多年的训练，我知道了一些能够帮助你快速战胜当众演讲恐惧的办法，只需要短短几个星期的训练，你就会建立起自信心。

一、为什么害怕当众讲话

事实一：对当众演讲充满恐惧并不是个别人。通过大学的调查，我们发现在演讲课上百分之八九十的同学都会害怕上台。在我开设的成人培训课上，刚参加课程的时候，害怕上台的学员更多，几乎每一位学员都害怕。

事实二：从某种程度上讲，害怕上台演讲是有好处的。这种害怕能够让我们自然而然地具备克服困难的能力。因此，如果你感受到了自己的心跳加快，呼吸困难，千万不要紧张。这是因为你的身体时刻警惕着外界的刺激，它正在准备应对马上就要到来的挑战。如果生理上的反应正好适度，那么你就会因为这种生理反应加快思考速度，这样说话也会更加顺畅，你的表现会比正常情况更加完美。

事实三：大多数从事职业演讲的人都说，他们到现在还有点害怕上台演讲。每次演讲开始之前他们内心都会有恐惧感，而且这种感觉会一直伴随他们到演讲开始的几句话。只要演讲者希望成为赛马而不是驮马，那这种代价就是必需的。部分演讲者经常说自己"如同黄瓜般冰冷"，其实这种说法并不准确，应该说他们和黄瓜一样皮厚，但却激情满满。

事实四：你对当众演讲充满恐惧的原因其实就是你还没有习惯。在《思想的酝酿》这本书中，鲁滨逊教授说："所有的害怕都是因为无知和对未来的犹豫。"其实，当众演讲对很多人来讲，都是一种无法确定的因素，所以内心的忧虑和害怕是不可避免的。尤其是新人，这对他们来说就是完全陌生的环境，而且这个环境十分复杂，想要适应这种环境比学习打网球或者开车困难多了。想要把内心的害怕变得简单愉悦，只能通过上千万次的练习、练习、再练习。总有一天，你会发现，只要你做过一次成功的演讲，拥有了经验，那么当众演讲就不会再让你感到痛苦，反而会给你带来快乐。

阿尔伯特·爱德华·威格玛克是卓越的演讲家，也是知名的心理学家。自从我读了他战胜内心恐惧的故事之后，就一直被他激励着。据他描述，在他还是初中生时，就被老师叫起来做过一次演讲，虽然时间只有5分钟，但是只要这件事情在脑海中闪现，他就会感到恐惧。他是这样说的：

"临近演讲的日子，我直接病倒了。只要一想到要当众演讲，我就会感到脑袋充血，脸颊发红，这件事情真的太恐怖了，最后，我无奈飞奔到学校背后，让脸和冰冷的砖墙接触，希望脸上的红晕能够赶快消失。直到读大学，这种状况都没有改变。

"我记得有一次，我谨慎地记住了一篇演讲稿的开头。但是当我站在众人面前时，我的脑袋突然嗡的一下，接着，我完全不知道自己在做什么了。费了好大劲，我才略显尴尬地说了开场白：'亚当斯和杰弗逊已经离开了我们……'但之后我就说不下去了，我无奈地对众人鞠躬，听到众人发出喝倒彩的掌声，我郁闷地走回座位。校长站起来说：'爱德华啊，你说的消息让我们感到震惊，这消息真的太悲伤了。但是，我们一定会尽力平复情绪的。'之后，全班人一直在笑。当时的我真想一死了之，之后我又生病了，一病就是好几天。

"在这个世界上，我从来没有想过，我会成为一名大众演讲家。"

大学毕业一年之后，他到达丹佛市。1896年，"自由银币铸造"政治运动拉开序幕，但"自由银币主义者"布莱安和他的拥护者们却犯了错误，做出了一些不切实际的承诺。他对这一点很不满意，所以他典当了手表，攒足盘缠，返回家乡印第安纳州。刚回到家乡，他就毛遂自荐要求发表健全币制的有关演讲。很多听众都是他曾经的同学，他这样说："一开始，我的脑海中再次闪过大学时期'亚当斯和杰弗逊'那一幕，这让我几乎喘不上气来，说话开始变得结结巴巴。但是，就像乔西·德普说一样，大家和我都坚持到了绪论结束的部分，虽然这只是一点点成功，但却激励了我继续讲下去，我本以为我只讲了15分钟，但最终却发现

我竟然说了一个半小时。

"在之后的几年时间中,我对自己都感到震惊。因为我竟然成了一个依靠当众演讲生活的人。此刻,我才明白威廉·詹姆斯所说的'成功的习惯'是什么意思。"

此时的阿尔伯特·爱德华·威格玛才意识到原来想要战胜当众演讲的恐惧感,最佳方式就是取得成功的经验,并且把这种经历作为最坚强的后盾。

希望学会当众演讲的人,必须有害怕的感觉,但同时也要学会利用这种恰当的害怕感,促使自己演讲得更加精彩。

即便有时候我们无法控制上台时害怕的感觉,并且会因此出现心理障碍,造成表达不流畅,肌肉抽搐,但也不需要担心。大多数初学者都会发生这种状况。只要你愿意努力,就会发现其实这种害怕的感觉完全可以被控制在恰当的范围内,它会成为推动你前进而不是阻碍你发展的力量。

二、准备得当

曾经有一位赫赫有名的政府官员在纽约扶轮社的午餐会上讲话,几年前,他是主讲人。大家都在等待他开口介绍部里的情况。

但是,他并没有准备好。他想要现场发挥说些什么,但却不知从何说起。接着,他摸了摸口袋,拿出了一叠笔记。但是笔记却没有整理过,看起来全是一堆碎片。他慌慌张张地翻看笔记,演讲的时候显得有些迟钝,这使他更加尴尬。时间慢慢过去了,他开始困惑,甚至有些绝望,他一直向众人表达歉意,希望能够从笔记中找到一些思路。他双手颤抖着拿起了一杯水，然后端到嘴边。这一刻的场景让人有些不忍直视，他已经彻底败给了内心的恐惧，原因只有一个，就是他没有认真准备。最终，他无奈地坐下，这一刻，我看到了一位颜面尽失的演讲者。我想起了卢梭说的那句话，有些人写的情书就是："开始的时候不知道说了些什么，结束的时候还不知道说了些什么。"

从1912年开始，因为职业需要，每一年我都需要在5000多次演讲中以评委的身份出席。这成了我人生中十分重要的一课，如同圣母峰比群山都高一样：演讲者只有做了足够的准备，才可能自信满满。就像是如果上了战场，才发现武器失效了，或者才发现弹药用完了，那又怎么可能攻占城池呢？林肯曾经说过："如果我没有什么话要说，即便慢慢变老，也会感到有些不好意思开口。"

如果你希望树立自信心，那为什么不在演讲之前好好做准备呢？圣约翰曾经说过："当遇到全心全意的爱时，内心的恐惧就变得不重要了。"丹尼尔·韦伯斯特也曾说过，如果一个人在没有准备好之前就站在众人面前，会感觉自己是裸体站在这里的。

1.切忌一字一句背诵演讲稿

"做好准备"意味着要一字一句背诵演讲稿吗？答案是否定的。很多演讲者出于自我保护，避免在听众面前思维空洞，会选择把演讲稿倒背如流。但只要养成这种不好的习惯，就会花费很多时间准备这件事情，而这种准备却会使整个演讲变得更加糟糕。

美国的新闻评论家卡腾堡曾经就读于哈佛大学，那时候他参加了一次演讲比赛。他精心准备的演讲稿是一个名为《先生们，

国王》的短篇故事。他下定决心把每一句话都背下来，并且练习了上百次。结果比赛当天，当他刚刚说出题目"先生们，国王"的时候，脑子里就什么都不记得了。说什么都不记得了还有些委婉，那简直就是一片空白，他吓得差点晕过去。在濒临绝望的时候，他决定用自己的话讲述故事。最终，他被评委评选为演讲比赛的第一名，他真的难以相信。从那时候开始，他就再也没有背诵过演讲稿。而这就是他在广播事业上成就非凡的原因。他习惯于做一些简单的笔记，然后自然而然地和听众说话。

准备好演讲稿，并一字不差地背诵的人，会耗费大量的时间和精力，而且很容易就会失败。日常生活中，我们和他人讲话是一件很简单的事情，从来不会挖空心思，字句斟酌。我们每时每刻都在思考，只要我们保持清楚的逻辑思维，语言就会像我们周围的空气一般，随心所欲地表达出来。

温斯顿·丘吉尔能够明白这个道理也是受了一些教训的。丘吉尔在年轻时经常会把演讲稿写下来，背下来。有一天，他在英国国会背演讲稿，突然没了思路，脑子里什么也想不起来。他感到有些难堪，甚至羞耻。他再一次重复了上一句话，但大脑还是一片空白，他的脸一瞬间变红了。无奈，他只能垂头丧气地坐下。从此之后，丘吉尔再也没有背诵过演讲稿。

如果我们把演讲稿一字不差地背诵下来，那么，在面对听众时我们很有可能会忘记。即便还记得住，说出来也可能会有些木讷。这是什么原因呢？因为这些话不是从我们心底发出的，只是机械性的记忆。我们在与别人日常交往的时候，脑子里想的都是要说的事情，然后表达出来，并不会把注意力放在语句上。既然我平常就是这样做的，那么现在又有什么改变的理由呢？如果一定要写演讲稿，背演讲稿，那我们很有可能走上凡斯·布什奈尔的道路。

凡斯从巴黎波欧艺术学校毕业，后来成为平衡人寿保险公司的副总裁，这是世界上规模最大的保险公司之一。很多年前，凡斯被邀请前往西弗吉尼亚的白磺泉。平衡人寿公司正在那里召开代表会议，他被邀请前去演讲。参加大会的有来自美国的两千多名代表。那时候，他入职人寿保险公司只有两年的时间，但却取得了相当高的成就，所以公司让他演讲20分钟。

凡斯兴奋极了，他知道这件事情对他的声誉大有好处。但是，他却做了一件错误的事情，他先写下了演讲稿，然后背了下来，独自一个人对着镜子练习了40次，全心全意地准备着这次的演讲，他甚至想好了每一句话，每一个动作，每一个表情……尽量让自己做到十全十美。

但是，在他站起来时，内心的恐惧全部涌了上来。他开口说："我原本计划的职位是……"此时，他有些断片了。他开始手足无措，向后退了两步，想要重新开始演讲，但是还是什么也没有想起来。他又退了两步，希望能够重新开始，这个动作他一共重复了3次。演讲台的高度约为4英尺，后边没有设置栏杆，和墙壁的距离只有5英尺宽。因此，他后退到第四次的时候，从演讲台上摔了下去。所有听众开始哈哈大笑，甚至有一个人笑得从椅子上掉了下去，直接滚在了过道上。平衡人寿保险公司的历史上从来没有出现过这种状况。更让人叹为观止的是，观众都以为

这是公司特意安排的节目,目的是调动大家的情绪。平衡人寿公司的一些老员工正在评价他的表演!

但是凡斯·布什奈尔现在又在想什么呢?他曾经对我说,那是他这辈子干过的最丢人的事情。他感到十分羞愧,马上递交了辞职信。

但是在上司的劝说下,凡斯留了下来。上司撕了凡斯的辞职信,并帮他重新树立了自信心。之后,凡斯在公司中发展成了为数不多的演讲高手。但是,他再也没有背过演讲稿,我们应当从这件事中吸取教训。

其实,背诵演讲稿的人不在少数,我听过的就有很多,但是我却没有听说过有人把演讲稿扔进了垃圾桶后,演讲得更加感人,更加完美,更能体现人性。实际上,把演讲稿扔进垃圾桶之后,我们可能会忘记其中几条,演讲的时候也会有些混乱,但是听起来却更能感受到人性的光辉。

林肯也说:"我讨厌千篇一律的说教,那很无趣。我喜欢那些讲道理的布道者,看起来就像是和蜜蜂一样战斗的人。"演讲者随心所欲地发表演讲,更富有激情,这更能吸引林肯的注意力。但是背诵演讲稿的人不可能有和蜜蜂一样拼死搏斗的表现。

2.提前整体总结你的观点

那么,究竟应该用什么方法准备演讲呢?其实并不难:只要对生活中那些有价值的事情,那些曾经对你的人生有影响的人稍加留意,然后对所有经验中的想法、观点和体会进行总结整理即可。你需要认真准备的是思考演讲的题目。很多年前,查尔斯·雷诺·布朗博士在耶鲁大学发表演讲:"认真思考你的主题,想法成熟之后，它就会有思想的魅力……然后简单记录这些想法，用语言表达清楚你的理念就可以了……在总结整理之后，那些烦琐的细节很快就会被组织起来，被恰当地安排。"听起来方法并不难，事实也的确如此，我们只需要集中注意力思考就好了。

3.面对朋友演练

在做好所有的准备工作之后，需不需要试着练习呢？答案是肯定的，这样才能够保证没有失误。我们可以用日常生活中说话的方式把内心所有的想法分享给身边的朋友或者同事，当然，不需要把所有的想法都说出来，你可以在用餐的时候靠近他，告诉他："乔，那天我看到了一件神奇的事情，我想说给你听。"乔也许会对你的故事感兴趣。此时，你要注意他的反应，看看他怎么说，也许他会给你提供有效的帮助。他对你的练习毫不知情，不过即便他清楚这些也无所谓，也许他会告诉你"聊得太开心了"。

艾兰·尼文斯，一位著名的作家，也曾经提出过类似的建议："找到身边对你的话题有兴趣的朋友，跟他聊聊你心里的想法。也许这个办法能够帮助你发现你观点中存在的问题，你们之间会发生一些想象不到的辩论，通过交谈，你也许能够找到最适合讲这个故事的方式。"

三、给予正面提醒

或许你对这句话还有印象，在第一章中曾经说过，正面的提醒能够让我们在当众演讲的时候端正态度。现在，你需要用同样的办法完成定好的目的，把每一场演讲都想成一次成功的感受。

以下3种办法，对我们实现目标很有帮助。

1. 相信自己的主题是有价值的

在确定了主题之后，按照计划总结整理，和朋友交流，但是仅仅准备这些还不够充分。你还要让自己相信你选择的题目是有价值的，而且你必须态度坚决，用这种方式鼓励自己，相信自己。那么，怎样才能让自己坚定不移地相信这一点呢？这要求我们深入研究题目，发现主题隐藏的更深的意义，你可以追问自己，怎样才能让听众听了你的演讲后成为更好的人。

2. 尽量避免思考那些让你感到心烦意乱的事

说个具体的事例，比如你演讲的时候突然意识到自己在语法上犯了错误，或者突然感觉自己无话可说了，这种消极的想法可能会让你在演讲开始前就丧失信心。演讲开始之前，最好不要把注意力放在自己身上，这一点十分重要。把注意力集中在其他演讲者身上，听听他们说了些什么，这样你上台的恐惧感就会减少很多。

3. 自己给自己加油

如果没有值得献身的更高目标，所有演讲者都会对自己的选题有些质疑。他会怀疑这个题目是否适合自己，听众是否有兴趣，所以很可能因为某一时刻的想法换一个题目。此时，这些负面情绪很有可能会使人的自信心彻底崩溃。所以，你应该给自己加油，用简单清楚的语言告诉自己：这次演讲的题目跟你十分契合，因为这所有的一切都是你总结自身经验后得出的，是你对生活的深思；跟自己说，在所有听众中，你是最适合做这场演讲的那个人，你会尽心尽力说清楚这件事情。这种自我暗示方法过时了吗？或许吧，但是所有实验心理学家对此都十分认可，这是一种因为自我暗示而引发的动机，即便是装出来的，也会使我们更加高效努力地学习。所以，以现实为基础做出的发自内心的自我鼓励，会有更好的效果。

4.显得更加自信

威廉·詹姆斯是美国知名的心理学家，他曾经这样说：

"我们总认为感觉在前，行动在后，但实际上感觉和行动是一起发生的。意念直接控制着行动，但我们也可以通过限制行动，间接约束不在意念控制之下的感觉。所以，如果我们不再快乐，那么使自己快乐的办法就是开心地坐着或者说说话，就像是快乐一直都在。如果这种办法无效，那就什么办法都没用了。所以，要让自己意识到自己很勇敢的办法，就是行动上表现得勇敢，调动全部意志力实现这个目标，那么恐惧自然就会消失，勇气自然就会表现出来。"

听听詹姆斯教授的理念吧。想要让自己有勇气，不妨试试站在听众面前时，表现出你已经很有勇气了。当然，你必须做好了所有的准备，不然表现成什么都没有效果。如果你对演讲的内容已经胸有成竹，就放松心态，走出来，深呼吸。30秒的深呼吸，能让你更加清醒，会给你勇气和信心。简·德·雷斯基是著名的男高音，他经常说，如果你已经做好了准备，对所有的一切都十分了解，那么紧张的情绪自然就会消失。

先立正，然后把目光投向听众，充满自信地开始演讲，就像

演讲与口才

是台下的所有人都有愧于你，他们聚集在这里不过是想得到你的原谅。这种心理会对你产生很大的帮助。

如果你不相信这种观点，可以来我的班上找那些认同这种观点的人聊聊，相信几分钟之后，你所有的疑心就都消除了。如果你没办法和他们交流，那就和一个美国人聊聊吧。他似乎已经被贴上了勇气的标签。但实际上，他以前特别胆小，他就是通过这种自我激励的练习后，变成一个勇敢的人的。这个人就是美国总统西奥多·罗斯福。

罗斯福在自传中这样说："我小时候的身体虚弱，看起来很愚笨。年轻时，我特别容易紧张，极度缺乏自信，所以我开始不断训练自己，不仅训练身体，也训练思想和心灵，这是一个艰难的过程。"

万幸的是，他告诉了众人，他是怎样改变的："小时候，我读过马利埃特的一本书，书中的一段话给我留下了深刻的印象。这段话说的是，一艘小型英国军舰的舰长告诉众人怎样才能做到无所畏惧。他说，最初每个人都希望能够有效行动，但每个人内心都充满了恐惧。我们应该学会控制自我，让自己表现出无忧无惧的模样。然后坚持下去，那么开始的假装就会成为现实，再加上一定的练习，我们就会慢慢转变成一个内心不再恐惧的勇敢的人。

"这就是我最初说的锻炼自我的根据。最初，我们惧怕的事情有很多，不管是大灰熊还是野马，或者枪手，但是我都会刻意伪装自己，让自己表现得不害怕，时间久了，我们就真的不再惧怕了。如果大家想做到这一点，那么大家就会和我一样做到这一点。"

战胜当众演讲的恐惧心理，对我们做所有的事情都有积极的影响。那些勇于迎接挑战的人，一定会发现自己在不断发展，完善自我。克服了当众演讲的恐惧，会使自己完全改变，人生会变得更加丰富多彩，更加完美。

某位推销员说："加入班级后，我站起来过几次，随后我发现我有能力面对任何人。某天早晨，我来到一个很凶的买主面前，把样品放在他面前的桌子上，根本没有给他拒绝的机会。最终，我从他那里得到了一个很大的订单！"

一位家庭主妇这样说："以前我根本没有勇气请邻居到家里做客，因为我很担心和客人之间的聊天不愉快。但是自从加入班级，站起来说了几次话之后，我下定决心在家里举办一场家庭舞会。而且那次舞会相当满意，对于来来往往的客人，我完全可以和他们愉快地交谈。"

一名在毕业班上的职员说："我每次和客户说话时，内心都会有恐惧感，感觉胆战心惊。但是在加入班级，进行了几次演讲之后，我发现我更有自信了，而且面对这些事情，能够淡然处之。我开始有理有据地表达内心的想法。我在班级演讲之后的第一个月里，销售业绩直接上涨了45%。"

他们意识到，恐惧和焦虑对他们来说已经不必害怕了，他们完全有能力克服这些；以前从来没有成功过的事情，现在已经成功了。你会发现，学习当众演讲能够给予你迎接每一天挑战的信心。你能够从中获得前所未有的成就感，可以更有勇气面对生活中的一切。那么，那些生活中不断出现的困难就会成为生活的调味品，让生活更加有趣。

第3章　高效简便的演讲技巧

在日常生活中,我几乎不看电视,但近日来,一位朋友推荐我看下午的一个电视节目,据说这个节目的目标观众是家庭主妇,很受欢迎。朋友推荐给我的理由是,他认为节目中有一个观众参与的环节,我可能会有兴趣。事情也确实是这样,我看了几天,对于节目的主持人邀请观众参与聊天的方式,我很认可。此外,我还注意到观众说话的方式:他们并不是职业演讲家,也没有接受过交流技巧的相关训练,甚至经常犯语法错误,说错字。但是他们却说得很有意思,他们说话的时候完全没有面对镜头的恐惧,而且观众还听得特别入神。

原因在哪里呢?我想我知道了,因为我在之后进行训练的很长一段时间内,都使用了这种办法。这些平凡的男人和女人们,成功吸引了全国电视观众的注意,因为他们说的都是关于自己的事情:生活中自己面临绝境的时候,自己最幸福的时候,自己第一次和爱人约会的时候等。他们对绪论、正文、结论没有任何概念，更不懂得字句斟酌，但是他们却得到了观众的认可，他们把所有的注意力都放在了想要表达的事情上。我想，这就是3个当众演讲的高效简便的办法。

一、以自身经历或知识为内容

真正让那些电视节目变得有趣的是那些人生活中真实的故事，他们聊的都是自己的过往，都是自己十分擅长的事情。如果电视节目要求这群人阐述古典主义或者谈一谈美国的组织结构，那这个节目会变得多么无聊，可想而知。但这一点却成了很多演讲者在大多聚会上经常犯的错误。他们总觉得他们需要讲一些和自身经历，自己兴趣或者关注点完全不相关的内容。有时候会随意挑选一个话题，如理想主义、公正等，然后开始花费大量时间漫无目的地搜集名言警句，搜集在各个场合发表过演讲的演讲者手册，然后再把他们在大学政治课上学到的那些简单概念搬出来，虽然已经记不清楚了，但还能够组装起来。接着，他们就上台演讲了，时间很长，但这样的演讲有什么价值呢？这些演讲者或许根本不了解听众的想法，听众希望听到的并不是高尚的理论，而是真实的故事。

1. 描述生命带给你的启发

如果演讲者愿意说一些生命带来的启发，相信所有人都会乐意听。但是我的经历也表明了，人们很难接受这种观点——因为最开始的时候，人们会尽力避开说自己的经历，感觉这些事情太烦琐，限制性太强了。他们更希望能够说一些理念或者哲理，但是普通人难以接受这一点。就像我们想要新闻，却得到了社论。当然，我们并不是否定社论，只不过社论应该由报纸编辑或者发行者之类的有资格的人讲。所以，还是说一说生命带给你的启发吧，我一定会是你的忠实听众。

传说中，艾默生是一个很善于倾听的人，不管对方的身份多么低下，他都愿意听，因为在他看来，不管是谁，都能教会他一些事情。我听过的成人之间的对话应该是最多的。但只要一个演讲者讲述生命带给他的启发时，不管事情多么烦琐，多么渺小，我都不会感到厌恶。

举个例子，多年前，我们其中的一位老师在纽约市开设了一门当众演讲的课程，针对的是纽约的银行官员们。这些学员平时都很忙，他们总觉得想要准备充分或者准备程度达到他们的要求实在太难了。实际上，他们从来没有停止过思考自身问题，他们有自己的信念，有能力从自我角度出发看待问题，并且他们已经积攒了大量的原始经验。40多年的谈话资料是他们早已拥有的，但他们当中的很多人对这一点却不自知。

某一周的周五，一位上区银行的先生参加了培训班——由于各种原因，我们就称他为杰克逊先生吧——参加培训班的有45个人。他为演讲准备了什么内容呢？从办公室走的时候，他在报摊上买了一份《福布斯杂志》。然后搭地铁前往联邦储备银行上课，路上他看到了杂志上的一篇文章，题目为《十年成功秘诀》。他阅读这篇文章并不是为了兴趣，而是希望能够找点可以聊的话题，这样在培训班就有话可说了。

经过一个小时,他从地铁上下来了,希望能够把这篇文章讲得有趣些。

但是结果如何呢?可想而知。

地铁上读到的内容难以提供帮助,他没有找到自己想要表达的内容。"想要表达"这个词再恰当不过了,因为他仅仅局限在了"想要"。我们从他的状态和声调中就能够感受到,他并没有试图思考更深层次的东西。那他怎么可能在自己不被感动的情况下感动听众呢?他说话的内容没有离开那篇文章,没有离开那位作者。他的演讲结束后,我们对《福布斯杂志》有了深刻的印象,但是对杰克逊却知之甚少。

他的演讲结束后,指导老师告诉他:"杰克逊先生,我们想要了解的并不是那位作者,他没有到现场,我们看不见他。我们想要了解的是你和你的想法。不如你告诉我们你的想法吧,不要涉及他人的想法。在演讲中添加一些你的亲身经历,下周还是同一个题目,怎么样?你可以再次阅读那篇文章,想象你是否认可作者的观点。如果认可,就用你的亲身经历来验证。如果不认可,那也请把原因说出来,这篇文章可以作为一个引子,其目的是引出你的演讲。"

杰克逊再次阅读了那篇文章,发现他并不认可作者的想法。于是,他开始了头脑风暴,想要从自己银行主管的经历中找到一些具体的事例反驳作者的观点,证明自己的想法。所以,第二次演讲时,他没有再重复杂志上那篇文章的内容,而是添加了很多通过亲身经历获得的经验,我们看到的是他矿场中的矿石,是他铸币厂里制作的钱币。那么，学员们究竟会对哪一场演讲印象深刻呢？答案可想而知。

2. 结合自身经历确定主题

有一次，有人问我们的指导老师，刚刚学习演讲的人遭遇的最大的困难是什么？根据统计数据显示，初学者经常碰到的问题是"教导初学者结合恰当的主题演讲"。

什么叫作恰当的主题呢？如果你曾经经历过，或者你对这个问题进行了深入的思考并且有所获得，那么这个主题一定适合你。但是究竟应该怎样寻找主题呢？建议我们打开记忆的阀门，从生活经历中探索生命中印象深刻的，有价值的事情。多年前，我们在班级内进行了一次调查，内容是什么样的主题能够吸引听众的注意力，结果发现听众喜欢的都是一些和个人经历相关的主题。

年轻时成长的经历：和家庭、童年记忆、校园生活有关联的主题，必然会吸引人们的眼球，因为我们最感兴趣的就是他人在成长过程中是怎样应对困难的。不管什么时候，只要有机会，我们就应该在演讲中加入一些年轻时的经历。很多家喻户晓的戏剧、电影和故事的内容都是人们年轻时可能面临的困境，这一点可以充分说明和成长相关联的话题是非常有意义的，对于演讲也不例外。但是我们应该怎样确定他人对你年轻时的经历有兴趣呢？方法很简单：很多年以后，如果一件事情还在你的脑海中挥之不去，且会随时闪现，那么大多数听众就会感兴趣。

年轻时勇攀高峰的拼搏：这种经历更有人情味，比如，回忆曾经自己是如何奋斗拼搏，梦想成真的，听众一定有兴趣。你的工作和行业是什么？什么样的机会成就了你的事业？把你在残酷的世界中创业的故事讲出来，讲述面临的困境，讲述你内心的希望，讲述你的成功。其实，最安全的题材就是态度谦虚地讲述一些自我的真实经历。

兴趣和娱乐：这类题目因人而异，但也能够成功吸引听众的注意力。讲述一件与你兴趣相关的事情，一定不会出错。当你从内心深处热爱一件事情时，你一定会把这件事情讲得别有滋味。

特别领域的相关知识：如果你已经从事一项工作很多年了，那么你就可能会成为该领域的一位专家。如果你利用多年的工作经验和研究成果描述你的工作或者职业，也会受到听众的尊重，吸引他们的注意力。

与众不同的经历：你是否和名人相遇过？是否亲自从战火中走出？是否承受过精神上的痛苦和危机？这些都是演讲时最好的内容。

思考与态度：也许你在很长一段时间内都在思考你对当今世界遇到的重大问题的态度。如果是这样，你当然可以说一说这些话题。但是，在讲明态度时，你一定要用充分的案例证明你的观点，因为听众并不喜欢空洞的演讲。切忌把在报纸上读的文章直接拿来谈论主题。如果听众比你知道得更多，那么你还是换一个话题吧。反之，如果你曾经在一个问题上花费了大量的时间和精力，那么这个问题自然需要说，因为你一定会说到这些。

在此之前，我已经提出了，准备演讲不只是写东西，背稿子，也不是直接拿书中或者报纸文章中的观点作为第二手观点使用。真正需要的是大脑深度挖掘，把深藏在那里的信仰拿出来。

不要觉得大脑里什么都没有，那里一定有，而且内容十分丰富，问题在于你有没有新发现。也别认为这种材料太个性，太渺小了，听众也许不感兴趣。实际上，带给我快乐和感动的正是这类演讲家，这些内容比那些职业演讲家演讲时所说的内容更容易打动我，让我感到愉悦。

只有当你谈论的事情是你最有资格发言的事情时，你才能在短时间内学会当众演讲。下面我们就来说一说这个要求。

二、热爱演讲的主题

我们有能力讨论的主题未必会让我们满怀激情。比如，我本就是一个居家好男人，每天都会做家务事，对于洗碗这件事我确实有能力谈。但是这件事并没有激发我的热情，甚至可以说我根本不愿意提及这件事，那我能讲好这个主题吗？不过，我见过很多把洗碗讲得特别好的家庭主妇，对于那些一直洗不完的碗，这些家庭主妇的内心也很恼火，也许她们找到了一新的方法可以让这个工作不再那么烦人——不管怎么说，她们更偏爱这个主题，所以她们讲起这个主题来也很有趣味。

想要确定你演讲的主题是否适合你，这里的一个问题也许能够帮助你：如果有人反驳你的观点，你有把握有理有据地为自己争论吗？如果能够做到这一点，你就适合讲这个主题。

1926年，我曾经参加过国际联盟第7次大会。大会在瑞士的日内瓦举行，之后我以笔记的方式记录下了当时的状况。近日来，我无意中又一次看到了笔记。下面摘录其中的一部分："加拿大的乔治·佛斯特爵士演讲之前,有三四个毫无激情的演讲者演讲,他们基本都是照着手稿念完的。乔治·佛斯特爵士上台的时候既没有带纸条,也没有带字条,我对此十分赞赏。他的全部注意力都在他要演讲的事情上,他总会在强调观点的时候加上一些手势。他希望听众能够了解自己的想法,态度热情地把那些宝贵的理论告诉听众。这种状况很清晰,就像是窗外清澈的日内瓦湖。这就是我在教学过程中一直提倡的原则,他的演讲把这一点淋漓尽致地表现了出来。"

乔治爵士的演讲经常浮现在我的脑海中。他很真诚,很热情。所以,想要在演讲的过程中真情流露,演讲者一定要对演讲的主题有真情实感。美国最有震撼力的演讲家之一富尔顿·辛主教,在年轻时的生活中也学到了这一点。他的著作《不虚此生》中有这样一段话:

"大家选举我为学院辩论队的一员。辩论开始的前一天晚上,我们的辩论教授叫我去他的办公室,然后一顿批评。

"'你难道是个废物吗?我从来没有见过比你更糟糕的演讲者!'

"我辩解道:'如果我是饭桶,让我参加辩论队做什么呢?'

"'选择你不是因为你会演讲,而是因为你会思考。'他把真相告诉了我,接着说:'站到一边,选择你演讲词中的一部分内容,讲出来。'我就一直讲这段话,大概一个小时过后,他问我:'你发现问题了吗?''没发现。'时间又过了两个半小时。我已经没有力气了。他又一次问:'还不知道问题在哪里吗?'

"两个半小时后,我终于发现了问题。我说:'我知道了,我缺乏诚意,没有一心一意,缺乏真情实感。'"

辛主教通过这次的经历学到了令他难以忘怀的一课:让自己

进入演讲。他开始满怀激情地投入演讲。此时，博学多才的教授才发话："现在，你有能力演讲了！"

如果我的班级中有人跟我说："所有事情都无法让我产生兴趣，我的生活是简单的，是普通的。"我们的指导老师问他的第一个问题一定是他日常生活中都做些什么。得到的答案各有不同，有说看电影的，有说打保龄球的，有说种玫瑰花的。还有一位新学员告诉老师，他在收藏一些和火柴有关的图书。紧接着，老师追问了他这个不一般的爱好，他开始有了兴趣。很快，他津津有味地说起了自己珍藏火柴书的小书柜。他跟指导老师说，他珍藏的有关火柴的书几乎涵盖了世界上所有的国家。当他对他喜欢的主题有兴趣后，指导老师开口说话了："那为什么不把这个作为主题呢？我挺感兴趣的。"他从未想过竟然有人会对这个主题感兴趣。他几乎把一生的时间全部用来做这件事情了，他对自己的爱好充满了激情，甚至可以说是一种偏执，但是他却不承认这件事情是有价值的，认为这件事没有说的意义。指导老师跟他说，一个主题具不具备趣味性，有没有意义，需要询问自己，看自己对这件事情的兴趣到底有多大。接着，他以收藏家的身份聊了一夜，兴趣盎然。之后，我听说他在各个午餐俱乐部演讲，向人们介绍有关收藏火柴书籍的话题，并因此得到了大家的尊敬。

如果你渴望在短时间内轻轻松松地学会当众演讲，那么这个例子正好可以作为第三个法则的引子。

三、让听众产生共鸣

演讲者、演讲的内容和听众是构成演讲的三个要素。这一章的前两条法则讨论的就是演讲者和演讲内容之间的关系，但如果只有这两点，不足以构成真正的演讲。演讲者必须使自己的演讲和听众之间产生联系，这样才算是一个完整的演讲。演讲者或许准备充分，或许对演讲的主题满怀激情，但是真正成功的演讲，还需要考虑一个因素：演讲者一定要让听众感觉到自己所演讲的内容对于他们来说至关重要。演讲者不仅要让自己对这个主题饱含热情，还要把这种热情带给听众们。历史上知名的雄辩家没有一个不具备自卖自夸的本事，他们有能力传播福音。智慧的演讲者总是希望听众能够体会到他的情感，认同他的想法，并且做他倡导的事情，和他一起享受这份快乐，一起承担这份悲伤。他把听众而不是自己作为演讲的中心点，他很清楚演讲的结果是由听众的智慧和内心决定的，他没有能力左右。

推广节俭运动时，我曾经前往美国银行学会纽约分行训练一些人。其中就有一个没办法和听众交流的人。我需要为他提供帮助，我要做的第一件事情就是让他对自己演讲的主题饱含激情。我跟他说，你可以先在旁边安静会儿，多想想你演讲的主题，一直到你感觉对它充满激情了。我希望他能够牢记一个事实：纽约医嘱公正法庭的相关数据显示，去世的人中85%都没有留下钱财，留下1万美元或者更多财富的人仅有3.3%。我希望他了解一点，他现在要做的事情不是让别人可怜，或者让别人做力不能及的事情。他应该告诉自己："我做的事情是为他们好，我希望他们年老后可以保证基本的温饱，生活可以更加舒适，并且让妻儿的生活更有保障。"我还希望他相信，他所从事的工作是一件伟大的社会服务工作。总而言之，他需要自封为一名斗士。

他认真思考了所有的事情，终于让内心的狂热表现了出来，他拥有了兴趣和激情，他开始觉得自己责任重大。所以，他在外面演讲的时候，语言中蕴含的信仰能够感动所有人。他把节俭的好处告诉听众，因为他渴望帮助这些人。他已经不仅仅是一个描述实情的演讲者了，更像是一个为了梦想的事业转变信念的传教士。

在我教学的过程中，也有过以教科书为原则的时候。我把长辈们教给我的一些东西原封不动地搬过来使用，即便是一些不好的习惯，也不做任何改变，但是所有人都局限在空洞的演讲中，没有任何创新。

我人生中的第一堂演讲课让我永生难忘，在那堂课上，老师告诉我双臂自然垂直，放在身体两边，手掌向内，手指弯曲，大拇指轻触腿部。接着，高举双手，画一个完美的弧线，这样手腕的转动才能更加优雅。然后，张开食指、中指、小指，完成这一套完美的装饰性动作后，手臂再次回归到原来的弧线上，放在双腿两边。这套动作有些虚伪，有些矫揉造作，没什么价值，也不够真实。

我的老师从未告诉我演讲中需要体现个性，也拒绝教导我在演讲的时候和正常人一样充满激情地和听众高谈阔论。

你可以把这种机械式的演讲和我第一章中介绍的3条原则进行比较。我在"高效演讲培训"中使用的根本方法也就是这3条原则。这本书会不止一次地提到它们。在接下来的3章中，我会一条一条地详细介绍。

· 第二篇 ·
当众演讲的三大内容

这一篇我们会着重讨论演讲的三角关系，也就是每一场演讲包含的3个方面。第一，演讲的本身。众所周知，演讲的内容都是我们从生活经历中提炼创造出来的。

第二，演讲者自己。我们会从思想、身体和声音等方面讨论怎样才能让演讲者的语言更加有魅力。

第三，听众自身。演讲者的目标是听众，同时，听众还是判断演讲者的信息是否成功传递的主体。

第1章　做好演讲的准备

在很多年之前，我在纽约开设的培训班中同时来了两个人。其中一个人是哲学博士，在一所大学中当教授；另一个人是在街边摆摊的小摊贩，年轻时曾参加过英国海军，性格豪放，不拘小节。但让人感到奇怪的是，人们感兴趣的不是大学教授的演讲，而是小摊贩的演讲。原因在哪里呢？大学讲授站在台上演讲的时候，总会以华丽的词汇进行总结，台风高雅，说话也有条有理；但是他的演讲总少点什么，后来我发现缺少的是具体化。他的谈话总是很空洞，不够具体。他从来没用个人的经历证明过哪个论点。他用逻辑思维把所有抽象的概念组装在一起，组成了演讲。

而小摊贩却完全不同，他一张嘴，就能抓住问题的关键，内容充实，主题明朗。从他的演讲中，我们能够感受到强烈的生活味。每当他说一个想法时，都会用生活中具体发生的事情作为证据。他讲述自己和他人交流的过程中发生的事情，讲述在各种规定的制约下略感心烦的事。男人的特质和新鲜的词汇，让他的演讲更具有魅力。

我举这个案例的目的不是为了突出大学教授和小商贩，而是想告诉大家想要吸引他人的注意，必须让演讲更具活力，内容更加具体，主题更加鲜明。

想要吸引听众的注意力，可以尝试用4种方法组织演讲材料。如果你能按照这4个步骤进行演讲，那么你基本不用担心观众的注意力了。

一、规定题材内容

在选择好演讲的主题后，首先，要做的事情就是明确演讲涵盖的范围，将所要谈论的话题全部限制在这一范围之内。不要试图选择一个囊括万千的主题。比如，一个年轻人曾经试图用两分钟讲清楚"公元前500年至当代的雅典"。这完全就是痴心妄想！因为这个时间只够讲到雅典城的建造。他希望在一场演讲中讲述所有的东西，这注定了他的失败，而且内容会说得不清不楚。当然，这个案例有些极端了。我曾经听过很多演讲，都因为演讲的范围难以确定，导致了糟糕的结果，无非是讲述的论点太多，难以聚焦观众的注意力。真正的原因是什么呢？其实就是因为听众不可能一直把注意力集中在一些无聊的事情上！如果你把演讲的内容设计成一部世界年鉴，那听众怎么可能长时间集中注意力呢？如果你选择了一个特别简单的主题，比如"黄石公园之旅"，那么演讲者演讲的内容基本都是具体介绍公园中的各个景点，不愿意放过任何一点。这样观众听的时候会随着你的演讲把注意从一个景点转移到另一个景点，但最终留在他们脑海中的只是一些不太清楚的瀑布、山岭和喷泉。如果演讲者把演讲内容的范围限制在公园的某一个方面上，如野生动物或者温泉，那么这场演讲一定会给听众留下深刻的印象！如此一来，你会有大量的时间介绍那些有意思的具体细节，演讲会更加生动，听众会有身临其境的感觉，切实感受到黄石公园的色彩和无穷无尽的变化。

其实这个原则在很多演讲中都是有效的，不管演讲的内容是销售术、烤蛋糕、减免赋税，还是武器。如果在准备演讲的阶段对内容的选择加以限制，使内容控制在一个比较小的范围内，那么时间安排上会更加合理。

如果演讲的时间只有5分钟，那我们就只能说明一点或者两点。即便演讲的时间有30分钟，如果演讲者想要讲述4个或者5个以上的概念，失败的概率也会很大。

二、深度考虑主题

就演讲来说，深入挖掘事实很难，空洞乏味的演讲却很简单。但是听众从空洞的演讲中获得的东西很少，甚至会对这场演讲没有任何印象。所以，在确定题目的范围后，我们需要向自己确定几个问题，以便更加了解自己，使自己在讲述这个问题时更具权威："为什么我对这一观点深信不疑？在现实生活中我看到过这种现象吗？我希望证明的是什么呢？这种状况是如何发生的呢？"

类似的问题会促使你进一步思考演讲的主题，使听众的注意力更加集中。传说植物界的天才路德·伯班克曾经培养了100万种植物的品种，其目的不过是要找到一两种高级的品种。其实，演讲的道理也一样，我们围绕主题找到了100个观点，但最终却只会挑选其中的10个。

畅销书《内涵》的作者约翰·甘德在前不久曾经说过："当我需要一种资料的时候，我搜集的资料会比这种资料多10倍以上，有时候甚至多百倍以上。"他说的正是一种在写作准备阶段和演讲准备阶段需要的方法。

某一次，他用行动证明了他说的话。那时候，他正在搜集资料，准备写一些和精神病院有关的文章。他去了各地的医院，找到院长、护士和病人，和他们交流。我的一位朋友一直追随着他，希望为他的研究工作尽绵薄之力，一天又一天过去了，他们走的路已经数不清了。甘德先生把收集的资料记录在笔记本上，他的笔记本有很多。他的办公室里堆满了政府和各州的报告、私立医院的报告、各委员会的资料汇总。

我的朋友告诉我，"最后，他的短文只有4篇，十分简单，但却很有趣，对于演讲来说，这个选材很有价值。也许最终留下的纸张只有几盎司，但是那些写满资料的笔记本和其他资料，却有20多磅，这全部都是创作产品的根据。"

甘德先生很清楚他的付出微不足道，但他知道任何一个细节都不能掉以轻心。他在这方面是专家，他把所有的注意力都放在了这件事情上，然后又选出了最恰当的材料。

我有一位朋友，是位外科医生，他告诉我："我用10分钟的时间就能教会你怎样把盲肠取出来。但是，想要教会你怎么处理过程中的失误，可能需要4年时间。"演讲的道理也是一样：一定要做好详细的准备，准备好应对一切突发状况。比如，因为前一位演讲者的看法，你必须马上改变你的看法的核心内容；演讲结束之后，你需要回答听众们感兴趣的很多问题。

在选择好题目之后，应当尽快进一步思考。切忌在演讲前的一两天才着手做这件事情。如果很早就明确了主题，那么你的潜意识会对你产生很大帮助，这对你是有益的。每天完成工作之后，只需要一些零碎的时间，你就可以进一步思考你的选材，把你想要表达的理念传递给听众。在开车回家的路途中，在等公车或者坐地铁的时候，都可以思考你演讲的主题。或许那一瞬间的灵感爆发，就是这长久积累的结果，因为你已经想好了你的题材，所以你的大脑早已经开始对这些题材进行处理了，只不过这个过程是在潜意识中进行的。

世界知名的演讲家诺曼·托马斯，即便面对的是一群完全不支持其政治观点的听众也可以做到游刃有余，赢得听众的尊重。他说："如果一场演讲的重要性不可忽视，那么演讲者就应该和主题或者内容合二为一。他一定要在大脑中多次思索。他发现，无论是在大街上走着，还是在翻阅报纸，或者是准备入睡，或者是早晨苏醒，他对自己看法的论证和演讲的方式都会自然而然地出现在脑海中。简单的思考会带来简单的演讲，这是必然的结果，因为演讲者对主题的认识不够深刻。"

当你身处过程中时，你会被一种强烈的吸引力吸引，你很想把演讲的内容写出来,但是我并不建议你做这件事情,因为只要你写出来了,形式也就固定了,也许你对此满意了,但这会使你停止继续思考。此外,这还有可能会使你开始背诵演讲稿,落入另一个陷阱中。

马克·吐温曾经对背诵演讲稿的行为发表过看法:"用笔写出来的东西并不是演讲家的,因为用笔写出来的是文学,这种形式比较生硬,失去了灵活性,我们的嘴无法把这些生硬的东西高效轻松地表达出来。如果演讲的目的是让听众感到愉悦,而不是教导听众,那么演讲的语言就应当是温柔的,简练的,尽量保持语言口语化的特点,让人们听起来就像是在日常生活中没有认真思考过就说出来的话。不然,所有的听众都会感到厌烦,而不是愉悦。"

通用汽车公司的成长和查尔斯·吉特林的发明天赋有着密不可分的关系,同时,他也是美国最知名,最用心的演讲家之一。有人曾经问过他有没有试着把演讲的一部分内容或者全部内容都写出来,他回答说:"在我看来,我的演讲十分重要,所以我不可能把它写下来。我需要做的是把我所想的一切全部写进听众的脑海中,融入他们的感情中。在我和我全力以赴感动听众之间,没有纸条的位置。"

三、融入真实案例,使演讲鲜活有趣

鲁道夫·弗烈奇所写的《流畅的写作艺术》中,有一章开篇这样写:"真正具有可读性的只有故事。"随后他把《时代杂志》和《读者文摘》作为案例证明这一点。他说,这两份杂志在众多

杂志中一直是畅销榜的第一，杂志中的所有文章都充满了奇闻逸事。所以，在当众演讲时，演讲者也一定要有能力吸引听众的注意力，这两本杂志中文章的写作方法值得借鉴。

只要看过我的书，就会发现，我喜欢用一些有意思的事情作为我论点的总结。《人性的弱点》一书就是最好的证明，这本书中涉及的原则其实只有一页半左右，剩下的230页都是故事和案例，是为了告诉读者别人是怎样使用这些法则，并取得有效成果的。

那么，在演讲中应该做些什么呢？总结一下，大概分为5点：人性化、个性化、具体化、戏剧化和视觉化。

1.使演讲更有人情味

某一次，我对在巴黎的美国商人提出了一个要求，让他们以"成功之道"为主题进行一场演讲。他们当中很多人都举出了一些十分抽象的概念，告诉听众要努力工作，坚持不懈，志向高远。

我阻止了他们继续说下去："任何人都不希望被别人说教，没有人喜欢被说教。演讲者的话一定要让听众感到开心，感到有意思，这一点一定要牢记，不然你说什么听众都听不进去。同时，还要牢记一点，世界上只有那些高雅的，语言具有趣味性的故事才算是有趣的事情。所以，希望大家能够说一说你认识的两个人之间发生的事情，分析他们当中成功者成功的原因，失败者失败的原因。这种故事更能吸引我们的注意力，更能让我们记住，我们也会有所收获。"

这个班级上的一位学员，一直认为想要激发自己的兴趣或者引起他人的兴趣是一件十分困难的事情。但是那天晚上，他就做到了抓住"人的兴趣"这一点,他给大家讲了一个故事,主人公是他的两个大学同学:一个同学行事小心,即便只是买一件衬衫,他也会在不同的商店中买下,然后做出一个表格,统计哪件衬衫最经得住洗涤熨烫,哪件衬衫穿的时间最长,这样才能够保证每一分钱都实现最大的价值。他把所有的心思都花费在了钱上。但是,他从工学院毕业之后,太过于高看自己,不想和普通毕业生一样从底层开始拼搏。所以,在3年后的同学聚会上,他依然保持着大学的习惯,为衬衫制作洗涤熨烫表,等着天上掉馅饼,但最终他什么都没有得到。从那时开始,直到25年之后,他还是一腔怨恨,对现实充满了不满,一生都只是一个小职员。

随后,演讲者把这个失败的形象和另外一位同学进行了对比。此时这位同学的发展远远高于当初的自我预期。他和众人相处和睦,得到了大家的喜爱。他志向高远,希望能够做出一番事业。他最开始不过是一位绘图员而已,但他从未放弃过寻求机遇。当时,纽约世界博览会正在规划期,他很清楚那里需要大量的工程人才,所以他从费城的公司辞职,去了纽约,和他人合作,一起承包工程业务,包括很多电话公司的业务,最后受到了博览会的聘请,薪酬很高。

我写的这些,不过是演讲者所讲故事的简单概括。他本人所说的故事比这里的语言更加生动有趣,更有人情味,这让他的演讲更加有趣。他一直在说,但也正是他,在平时的演讲中根本超不过3分钟,这一次他讲了10分钟左右,连他自己都感到惊讶。他的演讲太出众了,所有人都觉得还没听够。这是他第一次在演讲中感受到成功。

所有听这个故事的人，都能从故事中获得一些东西：如果演讲者在简单的演讲中插入一些人情味十足的有趣故事，一定会让人沉浸其中。演讲者需要做的就是提出自己的想法，然后用具体案例论证。这种演讲才能够吸引听众的注意力。

当然，想要发现这些人情味十足的故事，最好是从自身生活中寻找。千万不要因为觉得不适合谈论自己，就拒绝开口。听众讨厌的只是一个充满敌意，自大自负的人谈论自己。除此之外，只要演讲者愿意说自己的经历，听众基本都有兴趣。想要吸引听众的注意力，选择亲身经历是一个不错的选择，不可忽视。

2.加入人名让演讲更加个性化

在讲故事的时候如果要提到一个人，那就说出他的名字。但是，为了防止侵犯隐私，可以使用一个假的名字。即便说"史密斯先生"或者"乔·布朗"之类毫不起眼的名字，效果也远远好过"这个人"或者"一个人"的说法，使用人名会让故事更有意思。姓名的出现证明个体确实存在，鲁道夫·弗烈屈曾经说过："姓名是能让故事更加可信的最好办法。无名无姓总让人感到有些虚假。"我们可以想一下，如果一个故事的主人公无名无姓，结果会如何呢？

如果你在演讲的过程中使用了明确的姓名或者是某人的代称，那么你的演讲就值得一听，因为你的演讲富有个性，这是一个十分难得的因素。

3.在演讲中加入细节

对于这个说法，你可能不明白："这句话说得没错，但是要让演讲中充满细节，应该怎样做呢？"我推荐一个检测的办法——那就是新闻记者在讲新闻时需要牢记的"5W"原则，即什么时候（When）？什么地点（Where）？什么人（Who）？什么事（What）？什么原因（Why）？如果按照这五条原则来准备演讲，那么案例一定会十分详细，生动形象。我用一件发生在我身上的有趣的事来说明问题吧，《读者文摘》上也曾刊登过这件事情：

"大学毕业之后，我成了铁甲公司的一名销售员，在那里工作了两年，两年的时间内我一直在南达科他州四处奔波。我的旅程基本依靠运货的卡车。有一次，我在莱德菲尔，两小时后搭乘列车南行。这片区域不归我管辖，所以这段时间内我不能推销。还有不到一年的时间，我就要前往纽约美国戏剧艺术学院读书了，因此我想利用这个空档练习台词。我毫无目的地从车场上穿过，练习《麦克白》中的一幕，这是莎士比亚的戏剧。我高举双手，极富戏剧性地高喊：'我看到的是匕首吗？匕首的手柄指着我。快来，让我抓住你！我抓不到你，但你在我的视线范围内。'

"就在我忘我地表演时，4名警察毫无征兆地把我抓了起来，说我让妇女受到了惊吓，问我为什么要这么做。即便他们说我要抢劫火车，我想我都没这么震惊。他们跟我说，在距离此处30米的地方，有一位家庭主妇躲在厨房的窗帘后面看我，看了我很久。她没有遇到过这种场景，于是报警了。警察来的时候，恰巧听见我在大喊大叫，表演和匕首相关的情节。

"我跟他们说我正在练习莎士比亚的戏剧，但是他们却无动于衷，直到我拿出了铁甲公司的订货簿，他们才让我离开。"

希望大家注意，这个故事究竟是如何表现五要素的。

但是，和没有细节比较，细节太多会更加糟糕。所有人都不喜欢毫无意义的烦琐的细节。你们可以返回去看一下，我讲述在南达科他州被逮捕的经历时，只是简单说明了每一个要素。所以，如果你用很多毫无价值的小事填满整篇演讲，那么听众一定会失去耐心，不愿意听你说话。对演讲而言，最可悲的事情就是无法使听众的注意力集中。

4.巧妙利用对话，使演讲更具有戏剧性

如果你想举一个例子说一说自己是怎样用人际关系的原则让一位客户不再愤怒的，或许你可以用下面的方式开头：

"几天前，一个人闯进了我的办公室。他特别恼怒，因为上周我们往他家送了一台洗衣机，但是洗衣机现在没办法正常运转。我告诉他，我们会尽力补偿。不久，他安静了，他对我们的态度十分满意，至少我们表明会竭尽全力处理好这件事情。"

这个小故事的闪光点是，故事详尽。但是这个故事没有名字，没有特别的过程，而且这个故事中没有人们能够看到的具体对话。现在，就在这个故事中添加一些具体的对话：

"上周二，我的办公室门突然被推开了。我抬头一看，查尔斯·伯烈克逊先生就站在我的面前。他是我非常熟悉的一位客户，我还没有请他坐下，他就开口了：'艾德，我需要你帮忙处理一件事情，最后一件，现在派一辆卡车去我家，把我家地下室的洗衣机运走。'

"我问他到底哪里出了问题，他很生气，根本无法说清楚。

"'它完全无法使用,'他吼了起来,'衣服全都缠在了一起,我妻子对它厌烦不已,已经无法忍受了。'

"我请他坐下,让他把问题说清楚。

"'我哪有时间坐下来,现在已经过了上班的时间。我以后绝对不会再找你买电器,肯定不会了,相信我。'说到这里,他伸手开始拍桌子,还敲我妻子的照片。

"我说:'你听我说,查理,你先坐下来,告诉我具体情况,你让我做什么我都愿意,不管是什么事情,可以吗?'我说完这句话之后,他终于安静下来坐着了,我们开始平静地讨论问题,总算说清楚了。"

不过,我们不可能每次演讲的时候都说很多对话。但是,相信通过以上案例你可以看到,直接引用对话可以让听众更深刻地感受到演讲的戏剧性。如果演讲者有能力模仿,可以把对话原本的语调表现出来,那么,这些对话的效果就更好了。此外,对话是日常生活中很常见的,会使演讲显得更加真实。这会使你更像是一个感情真切的人,你的演讲就像是隔着桌子讲话,而不是一个学者在博学多识的学员跟前读论文,或者像一位演讲家对着话筒乱吼。

5. 使演讲的内容具有视觉化特点

心理学家说,我们得到的85%的印象都是通过视觉感知到的,这也就是广告和娱乐把电视作为主要媒介的原因,且这种媒介取得的效果显著。当众讲话也是这样,属于听觉艺术的范畴,但这也属于视觉艺术。

想要利用一些细节使演讲更加丰富,那么在演讲中加入一些方便视觉吸收的东西是最佳的办法。比如，你可能要花费好几个小时跟我说你是怎样挥动高尔夫球杆的，但是我对此已经十分厌烦了。不过，如果你愿意站起来把你击球时的动作表演出来，那么，我的注意力一定会十分集中。同理，如果你描述飞机摇摆不定的状况时借助手臂和肩膀表现，那么，你的故事一定能够吸引我的注意力。

我对以工业界人士为主的一个培训班上举行的一次演讲印象深刻，因为其中的视觉细节真是太妙了。演讲者在谈论效率专家检查有故障的机器时，模仿他们的手势动作，特别搞笑，这真的是太生动了，比电视上任何一个形象都更加生动。这些视觉细节会让人们对你的演讲印象深刻，至少对我是这样，到现在我都没有忘记。我相信，其他学员到现在为止依然还会聊起这件事情。

想要做到这一点，最好的办法就是多询问自己"怎样才能在演讲中加入视觉细节呢？"紧接着，你就会像古代的中国人那样，发现"耳听为虚，眼见为实"是真理。

四、让日常生活详细的语言发挥作用

演讲者的首要目的就是聚集听众的注意力。在这个过程中，需要一些十分重要的技巧，但是，现在很多人忽视了这些技巧。大多数演讲者根本没有把这些技巧当回事，更没有想过有意识地运用这些技巧。我说的技巧指的是在演讲中尽量使用一些有助于形成明显图景的词语。那些能够让听众在听演讲的过程感受到轻松娱乐的演讲者，基本都能够为听众塑造一个显眼的图景。至于那些演讲语言模棱两可，繁杂无趣的演讲者，只能看到无精打采的听众。

图景！图景！图景！这就像是我们周围的空气一样，不需要投资！但如果你能够在你的演讲中添加一些图景，那么听众一定会十分开心，你演讲的影响力也会变大。

《风格哲学》是赫伯特·斯宾塞的著名论文，他在这篇论文中说，精彩的语言能够让读者联想到鲜明的图景：

"我们不进行常规思考，我们需要的是与众不同的思考……我们在演讲的过程中应该避免使用以下语言：

"'如果一个国家拥有残暴而无理的民族性、风俗习惯和娱乐活动，那么，这个国家的刑罚一定十分严厉。'

"我们需要换一种表达方式：

"'如果一个国家的百姓们对战争、斗牛十分喜爱，而且，他们在奴隶的公开格斗中感到快乐，那么，绞刑、烧烙和拷打一般都会被包含在他们的刑罚之中。'"

莎士比亚的著作中有很多能够让人联想到图画的语言，像围绕苹果汁的蜜蜂一样那么多。比如，一位作家对一件事情发表观点，认为这件事情是多余的时候，就会说这种拼搏只是把十全十美的事情加以完善。但是莎士比亚会怎么说呢？他的语言仿佛像是不朽的图景："为完成精炼的黄金再镀一层金，为开放的百合花上彩油，为紫罗兰喷洒香水。"

只要你留心观察就会发现，那些流传下来的谚语基本都具备了视觉效果。"一鸟在手，胜过两鸟在林"；"不鸣则已，一鸣惊人""你能牵马到水边，但不能逼迫马喝水"。同样，在长期以来广为流传的比喻中，我们也能够看到鲜明的图景："像狐狸

一样狡猾""像一枚钉子一样僵死""平得像一片薄煎饼""像石头一样硬"。

林肯在演讲的时候也经常使用具有视觉效果的语言。当他对日复一日在白宫办公桌前浏览很长又很烦琐的官方报告感到厌恶时,并没有用平淡的语言反驳,而是选择了一个让人无法忘记的图景般的语言表达。他说:"我命令一个人去买马,但是我并不希望这个人告诉我马尾巴到底有多少根,我想要知道的是这匹马有哪些特点。"你看,这样的语言比那些平淡无奇的语言更能表达他的想法吧?

我们要做的是用一些十分具体的,大家熟知的语言表达我们内心的想法,让这种想法更加明确,更加鲜明,就像是夕阳的余晖照在公鹿上,地面上映出它长长的身影。比如,在人们的印象中,提到"狗",会想起一种具体的动物,人们想到的可能是腿短、毛长、耳朵大大的,垂下来的小猎犬;可能是苏格兰犬;可能是圣伯纳犬;可能是波密雷尼亚犬。但是如果演讲者说的是"牛犬"(一种毛短、嘴方、胆子很大且英勇顽强的犬),那么人们在大脑中形成的想象就会更加鲜明具体。如果换成"一只长有斑纹的牛犬"呢?你的想象难道没有更加具体吗?和"一匹马"相比,"一匹黑色的雷特兰小马"是不是更加形象具体呢?和"鸡"相比,"一只白色的,瘸腿的矮种公鸡"是不是更容易给人们留下具体的图景呢?

《风格之要素》的作者小威廉·史特茨在该书中说:"研究写作艺术的人很多,如果非要在他们之间找到一个共同点,那就是：他们都认为吸引读者注意力最安全的办法是使用一些鲜明具体详尽的语言。如同荷马、但丁、莎士比亚一样的伟大作家，都有一个十分高明的地方，那就是他们在处理独特场景和重要细节时，都会使用一些能够让读者形成具体场景的语言。"

写作的道理如此，演讲的道理也一样。

很多年前，我邀请"高效演讲"班级的学员做过一个实验：说事实。我们制定的实验规则是：演讲者每说出一句话，一定要在这句话中加入事实、专有名词、数字、日期。当然，对这些要素的数量要求不高，只需要一个。这个实验十分成功。学员们把实验当成了一场游戏，尽心尽力找对方的问题。没过多久，他们的语言就不再是那些晦涩难懂的语言了，他们说的话，即便是马路上一个简简单单的人，都能够听懂，但他们的语言却很有活力。

法国的哲学家艾兰曾经说过："风格抽象的东西并不好。你的语言中应该充满了石子、金属、桌椅、动物、男性和女性。"

日常生活中的对话也是这样。其实，我们在这一章中谈论的所有当众演讲的技巧，在日常生活的交流中同样可以使用。想要让聊天更具魅力，少不了细节。那些想要拥有非凡交流技巧的人，如果记住这些方法，一定会获益匪浅。销售员把这些技巧应用于工作中，发现了它蕴含的无穷魅力；公司管理人员、家庭妇女和老师在工作生活的语言中加入了具体详尽的细节，发现自己传达的命令，传授的知识，传递的消息效果更好了。

演讲与口才

第2章　让演讲更具生命力

我到伦敦的时候,"一战"刚刚过去,我和罗维尔·托马斯一起做事。当时的他每天都忙着为阿拉伯的阿伦比和劳伦斯发表演讲,演讲特别精彩,每一场都听众爆满。有一个周日,我去海德公园散步。公园的大理石拱门入口周围是一个比较奇特的地方,在这里,所有的思想、种族、政治、宗教信仰的演讲者可以不被法律打扰,实现绝对的言论自由。我第一个听到的是一位天主教教徒阐述教皇无谬论,接着我靠近了一些,听见了一位激进主义者在论述无政府主义。之后我见到了第三位演讲者,他讲述的内容是一位男性应当具有4位爱人,这是最合适的!随后,我便站远了一些,悄悄观察三群人。

不管你相不相信,我都要告诉你,三群人中,听众最少的是那个论述一夫多妻制的人,那里的听众少得可怜。而其余两位演讲家的听众却在不断增加。我问自己原因在哪里?主题不一样是关键因素吗？我想答案是否定的。通过我的观察，我发现问题的关键是第3位演讲者。那位认为男性应该娶4位妻子的演讲者，看起来一点也不像想娶4位妻子的模样；其他两位演讲者则不同，他们几乎对每一个对立的观点都发表了看法，全身心投入演讲。他们费力演讲，挥动手臂，手势丰富，声音洪亮，信心满满，从他们的演讲中，我能够感受到无尽的激情和生命力。

在我看来，所有的演讲者都必须具备生命力、活力和激情3个要素，人们在演讲者的身边汇聚，就像是野雁在秋天的麦田上空盘旋。

那么，想要让演讲充满活力应该怎么做呢，怎样才能集中听众的注意力？在这一章，我会教你3个技巧，让你在演讲中更加富有激情。

一、挑选常见的主题

在第一篇的第三章中，我就一直强调，我们对演讲的主题一定要有深刻的感受。如果你对这个主题没有足够的兴趣，又怎么能让听众信任你呢？道理并不难，如果你对这个主题有过亲身体验，拥有一定的经验，你对它饱含热情，或者你认真深刻地思考过这个主题，只要有人关注（比如你所在的社区有必要配备更好的学校），你就会激情满满，根本不需要担心演讲的时候没有热情。20多年前的一场演讲到现在还深深地印在我的脑海中，我的脑海中不断回忆着演讲者因充满激情而产生的说服力，我从未见过一场比那次更加精彩的演讲。我听过很多让人心服口服的演讲,但那次被我称为"兰花和山胡桃木灰"的演讲案例,演讲的热情完全碾压了常识,真的太特别了。

一家纽约知名度较高的销售公司中,有一位销售员,他说了一个与常识相违背的观点,他说自己有能力让"兰花"在没有花种,没有草根的环境中生长出来。传说,他曾经在刚刚耕过的田地里撒了山胡桃木灰,紧接着,兰花瞬间长了出来!所以,这位销售员特别相信,山胡桃木灰是兰花草生长的原因,且是唯一原因。

在发表评论时,我委婉地告诉他,如果他真的具备这种高超的能力,一定会成为一位富翁,因为兰花的种子很贵。此外,这种发明还会给他戴上人类历史上最优秀的科学家的帽子。我说了一个实情,那就是根本没有人曾做到过这件事情,甚至根本没有人有能力从无机物中培养生物,这是一个不切实际的奇迹。

这个错误显而易见,完全不需要反对,所以我只是很淡定地跟他说了所有的一切。我评论完后,其他学员也发现了他演讲的漏洞,但是他却不以为然。他甚至都没有思考,就站起来跟我说他并没有说错。他对自我发现充满了热情,这种热情甚至超过了我的想象,他义正词严地说他并没有引用论据,所有的内容都是他获得的经验。他很清楚自己正在说的内容,并且他还接着说了下去,把原来的论述范围进一步加宽了,他拿出了更多资料,列举更多证据,从他的声音中我听到了真心实意。

无奈,我只好再次跟他声明,他的观点没有对的可能,绝对是错的。他立刻站起来反对,并且说要打赌,赌金是5美元,问题可以交给美国农业部解决。

结果怎么样呢？你能想到吗？这个班级中的很多学员都成了他的支持者，还有一些人摇摆不定。我相信，如果表决的话，班级中半数以上的商务人士是反对我的。我问他们改变最开始的决定的原因是什么。他们不约而同地告诉我，演讲者的热情让他们开始怀疑已有的常识。

事情发展到这一步，只能写信给农业部了。我告诉他们，询问这么无知的常识问题，我都难为情。他们的回答很明确，兰花绝对不可能从山胡桃木灰或者其他东西中生长出来。同时，他们还告诉了我一件事情，他们收到的信不止一封，那位销售员也给农业部写信了，因为他对自己的发现深信不疑。

这件事对我的启示让我终生难忘，如果演讲者相信一件事情，并且满怀激情地讲述这件事情，那么人们很有可能就相信了，即便演讲者说有能力从土壤和灰烬中养出兰花也无所谓。那么，如果我们从思维中总结整理对的常识或者真理和信仰，人们该多么相信啊！

大部分演讲者都很怀疑选择的主题能不能让听众感兴趣。实际上，想让听众对你的主题有兴趣并不难：只要你对演讲的主题饱含热情，这个问题就很简单了。

前不久，我们在巴尔开设的培训班中的一位学员告诉大家，如果我们不改变捕捞奇沙比克湾石鱼的办法，那么在那里生活的石鱼很快就会灭绝。他对这个问题相当关注，因为这件事情特别重要。他的一举一动都在告诉我们这一点。在他开始演讲前，我

对奇沙比克湾的石鱼一无所知，我想很多听众跟我一样，更别提有兴趣了。但是，他表现得很热情，在他演讲还没有结束时，很多人就愿意联名请求立法机关保护石鱼了。

美国前驻意大利大使理查·华胥本·乔尔德曾经被问到，是怎样成为一个灵感无穷的成功作家的，有什么诀窍吗？他的答案是："我对生命充满了热情，所以我无法停止运动。我感觉我一定要对大家说些什么。"相信对这种演讲者或者作家，没有人有抵抗力。

有一次，我在伦敦听演讲，演讲结束后，我的同伴之一——本森先生说，这场演讲最精彩的部分在结尾，不在开始。本森先生是英国著名的小说家。我问他原因，他告诉我："演讲者对结尾部分更感兴趣，而我很看重演讲者的热情和兴趣。"

我这里还有一个案例，足以说明演讲的主题十分重要。

有一位叫作弗莱恩先生的人，是我们华盛顿培训班的一位学员。课程开始的某一天夜晚，他需要向众人介绍首都华盛顿。所以他找了一家地方报纸出版的一本小册子，慌忙从册子里找了一些信息，便开始了演讲。他在华盛顿住了很多年，但是列举的案例中，没有一个是通过他的亲身经历告诉我们他对华盛顿的热爱，这导致他的演讲枯燥无味，混乱无趣。他只是把一些无聊的事实罗列出来，大家听得不开心，他讲得也很奇怪。

两周之后发生的一件事情，让他有了更深的感受。他买了一辆新车，在路边停放着，有人开车的时候把他的车撞了，肇事者逃走了。弗莱恩先生无法要求保险理赔，只能自己花钱处理。这件事情是他的亲身经历。他介绍华盛顿的时候语言无趣,听众和他都特别不舒服。但是当他讲述车子被撞坏的经历时,却讲得相当生动,开口成篇,就像是维苏威火山爆发了一样。两周前,他演讲的时候,大家都觉得很无聊,但此时却热情地鼓起了掌。

我一直强调,如果选对了演讲的主题,成功其实很简单。例如,我们谈论自己信仰的主题时,听众就很容易有兴趣。每个人对生活都有坚定的信仰,所以你不需要苦苦求索,这些信仰就存在于你的意识里,随时都会冒出来。

前不久,立法委员举行的关于死刑的听证会在电视台播出。出席会议的证人很多,他们对这个问题的正反两方面发表意见。其中有一位证人,是洛杉矶的警员,他对这个问题有过认真思考,这一点十分明显。他的警察同事中,有11位在和罪犯的战斗中牺牲了,所以,他认真思考过这个问题,认为死刑是十分必要的。他充满感情地阐述了内心想法,听证会上的人对此反应强烈。

历史上所有的雄辩都和演讲者超强的自信心和意念有关系。只有心中有信念,才能表现得更加真诚,而想要有信仰,内心对演讲的主题一定要有足够的热情,头脑一定要保持理性,懂得认真思考。帕斯卡曾经言语尖锐地说:"真诚比理性更加可怕。"很多班级的学院都向我证明了这一点。波士顿有一位律师,相貌堂堂,言语流畅,但是在他演讲结束之后,大家一致评论:"这个人太过聪明了。"原来,他总是让我们感受到一种虚无的表象,我们无法透过他华丽的语言感受到真情实感。在这个班级中,还有一位保险公司的推销员,他个子不高,长相平凡,在说

话的时候经常会停顿下来想一想后面该说些什么。但是在他演讲的时候，所有人都感受到了他的真心。

林肯遇刺的事情已经发生了近100年，但是他的生平、语言和真情实感，却给我们留下了深刻的印象。如果只讨论法律知识，他在生活的那个时代并不出众。他身上没有优雅的气质，缺少流畅和精巧，但是他曾经在葛底斯堡、古柏联盟和华盛顿国会上进行的演讲却十分真诚，相信历史上没有人能比他做得更好。

有一位学员跟我说，他自身缺乏饱含热情的信仰和爱好。对于这一点，我十分震惊。我告诉他，找点事情做，让自己开始忙，这样才能对事情有更大的兴趣！他疑惑地问："比如有哪些事情？"我回答他："鸽子。"他更加疑惑了："鸽子？"我给了肯定的回答："没错，鸽子。你去广场上走走，那里有很多鸽子，你可以喂喂鸽子，或者去图书馆看一些和鸽子相关的书籍，然后你回来告诉我你对鸽子有哪些想法。"

他按照我说的做了。他回来之后进行了一场演讲，没有任何困难。他开始的时候以一位养鸟人的身份谈论鸽子。当我试图打断他时，他说起了和鸽子相关的40本书，他全部阅读完了。他的那场演讲，是我这一生中听过的最有趣的演讲之一。

我还提了一个建议：如果你觉得这个演讲的题目很好，那就尽量加深对它的了解。你对一件事情了解得越深入，你对它的热情就会越高涨。著有《销售的五大法则》的帕西·华廷跟推销员说，一定要特别了解要推销的东西。他说："如果你足够了解一项优良的产品，那么自然就会对它充满热情。"对于演讲的主题也是这样,你越懂,就越有热情。

二、表达真情实感

如果你跟听众说,你因为开车超速,被警察拦了下来,你可以从旁观者的角度讲述这段经历。但如果这件事情在你的身上发生过,你一定会有真实的体验,这种体验能够使你的讲述更加真实。如果用第三人称的方式讲述这件事情,观众可能不会有什么印象。他们很想知道,警察给你开罚单时,你内心有什么样的感觉。因此,你需要更加明确地描述当时的真实状况和你内心的真实感受,这样你会强迫自己更加生动形象地讲述这件事情,演讲会更具有真实性。

我们观看话剧、电影的原因之一,是因为我们希望看到或者听到真实的感情表现出来。我们对于当众表现出内心的情感十分恐惧,所以通过看话剧满足这种表达情感的需要。

因此,当众演讲的时候,也可以按照你对演讲主题的热情度,表现你的真诚和爱好。不要压制内心真实的情感,也不要控制真情实感。你要让听众感受到你多么热爱你演讲的主题,只要做到这一点,听众的注意力自然就会集中。

三、表现出足够的热情

当你站在听众面前,准备开始演讲时,应该有一种对演讲十分渴望的眼神,而不是像一个即将奔赴刑场的罪犯。大多数人表现出来的轻松脚步都是伪装的,但这种伪装可以帮助你创造奇迹，能够让听众感受到你对交流演讲的欲望。在开始演讲前，做一次深呼吸。不要总是依靠着讲桌，抬头，扬起下巴，跟自己说：你现在一定要把一些有意义的事情告诉听众，你全身上下的每一个部位都应该让听众感受到这一点。如同威廉·詹姆斯所说的，你要把自己想象成一位手握大权的人，也要表现出这种镇定。如果大厅的后方能够听到你的声音，那么这种音效会给你更强大的自信心。如果你一开始就能够做一些手势，那你一定会感到更加兴奋。

这种方法被杜纳德和伊林诺·雷尔德称为"预热我们的回应"。不管是哪一种需要心灵感受的场景，这种办法都有效。他们写了《有效记忆的技巧》一书，在这本书中，雷尔德夫妇这样评价西奥多·罗斯福总统，"他的一生十分开心，十分开朗，到处都是欢呼、激情、撞击和真诚。这些是他的标签。他对于所有需要自己处理的事情都有强烈的兴趣，完全忘记了自我，当然，他也有可能是伪装成这个样子的。"罗斯福也确实用一生证明了威廉·詹姆斯哲学，"只要表现出更多的热情，你就会对所做的事情充满热情。"

总而言之，我们需要牢记一句话：只要表现出热情，你就能感受到热情。

第3章　和听众合二为一

《钻石宝地》是鲁塞·康威尔最著名的演讲,这次演讲被发表了6000次。可能你会想,一次演讲被重复那么多次,恐怕早已深深地印在了演讲者的脑海中,甚至连演讲的语调都完全一样了吧？康威尔博士很清楚,每一位听众的状况都不一样,所以他知道一定要让听众感受到他的演讲带有个人化的、真实的东西,是专门为听众打造的。他在各种演讲中都把演讲者、演讲和听众之间的关系处理得很好,使三者之间形成了一个放松愉悦的关系。他是怎样做到的呢？他这样说:"当我到达一个城市或者一个城镇,一定会先去见一见那里的邮政局长、理发师、旅馆经理、学校校长,然后去那里的店铺中,和人们交流,对他们的历史和那里的发展机遇有一点了解。之后,我才会开始演讲,找一些适合当地人的话题谈论。"

康威尔博士知道,只有演讲者使演讲成为听众的一个组成部

分,才能形成有效的交流,当然,演讲者也需要让听众成为演讲的一个组成部分。《钻石宝地》之所以能够成为最受人们喜爱的演讲,但我们却找不到任何一个副本,也是这个原因。康威尔博士十分聪明,善于观察人性,十分努力,做事小心,所以,虽然他用一个主题进行了接近6000次的演讲,但却从来没有复制过一场演讲。

从这个案例中,你应当感受到了:在演讲的准备阶段,脑子里一定要想着那些固定的听众们。这里有一些比较简便的办法,能够帮助你和听众之间的关系更加和睦亲切。

一、以听众兴趣为基础演讲

康威尔博士正在使用这个办法。他每到一个地方演讲,都会在演讲中添加一些当地的俗谈和真实案例。他的演讲和听众的关系密切,是听众们感兴趣的事情,是他们现实生活中会遇到的问题,所以听众自然会对他的演讲感兴趣。他的演讲和听众本身及听众的兴趣之间关系密切,这就足以吸引听众的眼球了,在一定程度上也保证了交流的无障碍进行。动作电影协会会长、美国前商会会长艾力克·琼斯顿,在所有演讲中都利用了这种诀窍。接下来,就让我们看看他在俄克拉荷马大学毕业典礼上的那场演讲,看看这种技巧在这场演讲中是如何被运用的。

俄克拉荷马的公民们,大家好,相信你们很了解那些经常骇人听闻的小商贩们。只要你们在记忆里简单搜寻，就会发现，他们总是排斥俄克拉荷马州，在他们眼里，这是一场无望的探险。

20世纪30年代，那些看不到希望的乌鸦会跟其他乌鸦说，如果自己没有带食物，尽量不要去俄克拉荷马。

在他们看来，俄克拉荷马州是美洲新沙漠中根本无法改变的一个地区。他们描述这里的语言是："这里不可能有植物开花。"不过20世纪40年代，这里的一切都改变了，俄克拉荷马州从寸草不生的地方变成了一个美丽的花园，百老汇也不得不为它干杯祈福。因为这里"在雨后微风的吹拂下，小麦掀起了层层波浪，发出了淡淡的麦香味"。

10年的时间，这里的一切都改变了，曾经被干旱侵袭的地方，长满了繁茂的玉米秆。

这是信念的成果——是一场有计划的探险的成果……

所以，当我们审视当下生活年代的时候，应当憧憬美好的未来，而不是怀念过往的阴霾。

我来这里访问之前，阅读了《俄克拉荷马日报》卷宗，感受到了1901年时，这里的春景。我希望能够亲身感受下50年前这里的生活状况。

结果如何呢？

我发现所有的叙述都是和俄克拉荷马未来有关的，重点全部都在未来的憧憬中。

这场演讲充分利用了听众的兴趣。艾力克·琼斯所说的有计划的探险故事是从听众那里听来的，对听众而言，他的演讲不是复制粘贴出来的文件，而是专门为他们打造的。演讲者的演讲符合听众的兴趣点，听众当然会集中注意力。

首先，你需要扪心自问，如何利用演讲帮助听众解决实际问题，怎样达到他们的预期。接下来，你再开始演讲，他们的注意力自然就集中了。如果你的身份是会计师，你可以这样开始："我现在要告诉你们节省50到100美元税收的办法。"如果你的身份是律师，你可以跟听众说应该怎样立遗嘱。相信听众一定会听得津津有味。实际上，从我们每个人的经历中，总能找到一个帮助听众的主题。

英国报业巨子诺斯克利夫爵士曾经被人们问了一个问题，能够激起人们兴趣的东西是什么呢？他告诉那个人："人们自身。"他之所以能够建立报业帝国，就是因为这个简单的事实。

《思想的酝酿》的作者詹姆斯·哈维·鲁滨逊，用"一种天然存在的，受到人们热爱的想法"来形容幻想。他接着说，在幻想中，我们放任意识按照自身的方向前行，但是这一方向又和人类的希望和惧怕存在很大关系，这由人们的失败或者成功决定，由人们喜、怒、哀、乐的情绪决定。在这个世界上，我们最感兴趣的事情就是我们自己。

哈罗德·杜怀特是费城的一个普通人，在一次毕业宴会上，他进行了一场演讲，十分成功。他对桌子边上的每一个人都做了简单的描述。他说刚加入班级时，自己不爱说话，但是现在比那时好多了。他想起了同学们曾经进行过的演讲，想起了大家交流过的话题，同时，他还夸张地模仿一些同学，大家笑声一片。他这种演讲方式，怎么可能失败呢？这是最完美的演讲主题，是大家最感兴趣的主题。杜怀特先生对人性真的太了解了。

多年前，我为《美国杂志》写了很多文章，所以有机会和约翰·西德达先生交流，当时他担任杂志的《有趣人物》专栏的主持者。

他说："人性免不了自私，人们感兴趣的其实只有自己。他们可能对政府应不应该把铁路收归国有没什么兴趣，但他们一定想知道怎样才能升职，怎样才能加薪，怎样才能更加健康。如果我担任这家杂志的总编辑，我会把怎样保护牙齿，怎样洗澡，怎样在炎热的夏天保持凉爽，怎样拥有好职位，怎样对付雇员，怎样买房，怎样提升记忆力，怎样避开语法错误等作为主要内容展现给读者。此外，人们感兴趣的事情还包括他人有意思的经历，因此，我还可能会邀请一些富商谈论他们是怎样在房地产中收入上百万美元的。当然，一些知名的银行家和大公司的总裁也应该在邀请人员的名单中，他们可以聊一聊怎样从草根奋斗成一位成功人士。"

很快，西德达成为了总编辑。那时候，这家杂志社的销量并不大。西德达按照计划开始了工作。结果呢？情况完全不一样了，杂志的销售量一路飙升，直达20万份、30万份、40万份、50万份，甚至更多，因为杂志的内容都是普通群众感兴趣的。很快，杂志每个月的销售量高达100万份，接着150万份，直达200万份。但是杂志的发展并没有暂停，销售量依然在持续上升。西德达使读者的欲望得到了满足，获得了成功。

下次，你站在听众面前时，可以想象他们对你即将表达的内容十分感兴趣，只要你说的是对他们有价值的东西就足够了。演讲者如果不顾听众自私的天性，就会发现面前的听众是一群没什么耐心的人。听众会表现得焦躁不安，没有耐心，一直看时间，希望演讲赶快结束。

二、发自内心地夸奖听众

听众是由单个的人构成的，同样，他们的反应也就像是个人的反应。在公开场合批评听众，一定会引起公愤。如果你表扬他们做的一些值得被表扬的事情，你就有机会走进他们的内心。但是你需要在这件事情上下很大功夫。比如一些很矫情的语言："你们是我见过的最聪明的听众。"这样的话在听众看来根本毫无意义，只会让他们更加厌恶你。

著名的演讲家琼西·德普曾经说过，你一定"要跟他们说一些和他们有关系的事情，他们想不到你竟然知道这些事情"。

比如，最近有人要在巴尔的摩的基瓦尼俱乐部进行演讲，但是却不知道俱乐部有哪些特别的事情，他唯一知道的就是有一位曾经担任过国际会长的人和一位曾经担任过国际董事的人是这个俱乐部的会员。但这对于俱乐部的人并不是新鲜事。不过，这个人用自己的方式让大家感到了不一样。他开口就说："在101898个基瓦尼俱乐部中，巴尔的摩基瓦尼俱乐部只是其中一个。"会员们对这个说法十分疑惑，因为他们知道的是基瓦尼俱乐部在全世界范围内只有2897个。但是演讲者却继续说：

"即便你们不相信,这也是一个现实,从数学的角度来说,这是成立的。你们所在的俱乐部是101898个俱乐部中的一个,并非你们所说的10万或者20万个俱乐部当中的一个。

"我是怎样得到这个数据呢?当然,国际基瓦尼组织的俱乐部只有2897个,这个说法没错。但是,巴尔的摩俱乐部中曾经有一位国际会长和一位国际董事。从数学的角度计算,在任意一个基瓦尼俱乐部中,同时出现一位国际会长和一位国际董事的概率为1:101898。我的博士学位是琼斯·霍普金斯大学颁发的,也就是说我计算的结果一定是正确的。"

在表达对他人的称赞时,一定要真心实意。虚情假意的赞美也许能够蒙骗一两个人,但却不会让听众永远相信。比如"这么聪明的听众……""从新泽西州霍霍柯斯来的美女和侠客们,这是属于你们的聚会……""特别庆幸我能够来到这里,我对这里的每一位都充满了爱……"千万不用使用这些矫情的语言,如果你无法发自内心地赞美,那就什么也不要说了。

三、和听众成为朋友

当众演讲时,要在最短的时间内找到你和你的听众之间存在的明确的关系。如果你觉得被他们邀请做演讲很幸运,就直接说出来吧。哈罗德·麦克米兰在印第安纳州绿堡的德堡大学面对毕业班学生演讲时,一开场就搭建起了交流的桥梁。

他说:"对于各位热情的欢迎词,我十分感谢。作为大不列颠的首相,我被邀请在你们学校演讲,这的确是一件十分特别的

事情，但是我觉得你们邀请我的真正原因并不是因为我在政府中担任的职位。"

随后，他告诉听众他的母亲是美国人，印第安纳州是母亲出生的地方，德堡大学是父亲的母校，父亲是这里第一届毕业的学生。

他说："我可以真诚地说，我很幸运能够和德堡大学之间建立一些联系，能够重新感受到故乡的传统，我十分自豪。"

有一点可以确定，麦克米兰说起美国的这所学校，说起母亲的身份和父亲与这所学校的关系，会马上赢得好感。

还有一个能够快速赢得好感的办法，那就是提一些听众的姓名。

某一次宴会，我的旁边坐的就是主讲人。他似乎对每个人都十分好奇，这一点让我很惊讶，他一直在打听宴会主人的情况，他问身穿蓝色西装的人的身份，问戴着满是鲜花的帽子的女士的名字。当他站起来讲话时，我终于明白他好奇的原因了——他把知道的听众的名字都融入到了演讲中，而被提到名字的人也都开心地笑了起来。这个方法看似十分简单，但也正是这个简单的办法让听众对演讲者充满了善意。

通力运动公司的总裁小弗兰克·佩斯在演讲的过程中也使用了提及听众姓名的办法，他是如何使用这个办法的呢？纽约美国生活宗教公司的年度晚宴上，他被要求做演讲。

他说："其实不管从哪个角度讲，今天晚上对我来说都是特别的，我很开心。首先，听众中有我的导师罗伯特·阿勃亚。他的言语、行动和领导，鼓励并启发着我，我的家人和所有听众……其次，听众中还有路易·施特劳斯和鲍伯·史蒂文斯，从他们热衷于公共事业的行动中我们就能看出这一点。我很荣幸能够坐在这两个人的中间……"

但是需要注意的是：如果你在演讲时需要使用一些陌生的姓名，并且这些姓名你是查找得到的，那么在使用时一定要保证准确，你一定要清楚自己为什么使用这些名字，而且你只能用友好的方式使用这些名字，并且要有节制。

想要让观众的注意力一直集中，建议用第二人称而不是第三人称进行你的演讲，即"你们"而不是"他们"，第二人称能够给听众一种参与感。之前，我已经说过，如果演讲者能够吸引观众的注意力，激发观众的兴趣，就一定要注意这一点。我们在纽约的培训班中有一位学员发表过一次题为《硫酸》的演讲，接下来，我们就以这个演讲稿中的几段作为案例，加以说明：

> 我们的生活和硫酸之间存在密切的关系，汽车没有硫酸根本无法行驶，只有使用硫酸，汽油才能完成提炼，汽车才能完成制造。我们办公的电灯，家里的灯，也都需要硫酸才能够发亮。
> 即便是我们放水洗澡的水龙头在制作中也少不了硫酸，我们日常生活中使用的肥皂的原料中就有油脂和硫酸。发刷上的鬃毛和假象牙梳子的制作也和硫酸有着密切的关系，刮胡刀在锤炼之后，也需要用硫酸浸泡处理。
> 当你们下楼吃早餐时，如果发现餐具中的杯子和盘子并非纯白色，那说明这里面一定有硫酸；如果餐具中的汤

匙和刀叉属于镀银的,那么它们也一定被硫酸浸泡过。

换句话说,硫酸几乎会出现在我们每一天的生活中。不管我们在哪里,都不可能避开它。

这位演讲者使用了"你们"的称呼,把听众带到现实的场景中,使听众的注意力更加集中。但是,有时候第二人称"你们"却会变得十分危险,它不仅不会帮助你和听众之间形成交流的纽带,甚至会更让你们的关系更加糟糕。比如,当你们以高人一等的智者自居或者教训他人时,情况就会完全不同。在这种情况下,使用"我们"比"你们"的效果更好。

这种诀窍经常被保尔博士使用,他是美国医药协会健康教育主人,在他进行的电视演讲中,我们经常能够看到。"我们都希望了解选择一位好医生的办法,难道不是这样吗?"有一次他谈话时说:"如果我们希望医生能够提供最完美的服务,那我们是否应该学着怎样做好一位病人呢?"

四、鼓励听众成为演讲的参与者

你有没有想过,在演讲中怎样用一些小技巧让听众能够跟着你的思路走呢?如果你在演讲时让听众帮助你表达某一观点,或者用戏剧化的方式表达你的观点,那听众的注意力很快就会被你吸引。原因很简单,如果演讲者把听众带进了"表演",那么,听众对于发生的每一件事情都会十分关注。如果演讲者和听众之间隔了一堵墙,那么,让听众参与到演讲中,这堵墙自然就倒了，这是很多演讲者的共识。我记得有一位演讲者想要说明汽车刹车的时候需要前进一段距离才能停下，为了说明这段距离有多长，演讲者请出了前排的一位听众，给他展示速度不同的汽车行驶这段距离的不同。演讲者要求听众抓住钢卷尺的一端，在走道上把钢卷尺拉长至45英尺……这位听众表演时，我观察了其他听众，他们都十分专注。我告诉自己，那条卷尺不仅仅是帮助演讲者说明自己的想法，更是一条演讲者和听众之间交流的纽带。如果不用这种展示的办法，或许听众的大脑中想的还是晚餐的食物，或者晚间的电视节目。

在众多的邀请听众参与演讲的方式中，我最喜欢问听众问题，并让他们回答的方式。我很愿意让听众站起来，重复我的一句话，或者积极回答我的提问。帕西·华廷的著作《如何在演讲和写作中运用幽默》也提到了让听众参与的办法。他表示，把一些事情的表决权交给听众，或者请他们一起想办法解决一个问题。华廷先生说："确定你的观点的正确性，只有正确的观点才能让演讲生动，才能带动听众，让听众成为企业的合作者。"我特别喜欢他称呼听众为"企业的合作者"。这是我们这一章讨论的重点。如果能够让听众参与到演讲中，那你就相当于给了听众合作者的权利。

五、保持谦逊

真诚，在演讲者和听众的全部关系中最为重要。艾德蒙德·穆斯基还是缅因州参议员时，曾经在波士顿的美国辩论协会发表过一次演讲，在那次演讲中，他充分展示了这种方法。

他说:"今天,我接受命令,来到这里履行本职,但内心却感到忐忑不安。第一,我心知肚明,在座的各位都是专家,我在你们面前无异于关公面前耍大刀,你们锐利的目光会让我感到自己愚昧无知,我有些怀疑我这个举动算不算聪明了。第二,早餐会的时间,所有人的警惕性都会很差,作为一个政客,如果我失败了,那么后果会很严重。第三,我演讲的主题是'辩论在我公仆生涯中发挥的作用'。因为我属于政坛上的活跃人物,所以我的选民可能会有两种截然不同的意见。

"想到这些问题,我就像是一只蚊子,意外的机会让我进入了天体营,但是却不知道应该怎么开始。"

穆斯基议员的演讲以此开始,十分精彩。

阿德莱·史蒂文曾经在密歇根州立大学的毕业典礼上发表演讲,一开场也使用了这种办法,放低姿态。他说:"在这个场合中,我有些力不从心。我回想起在塞缪尔·巴特勒的经历,有一次,有人问我怎样才能充分利用生命。我说:'对于接下来的15分钟,我都不知道要怎么运用。'现在,我对接下来的20分钟也是这种感觉。"

如果你希望听众站在你的对立面,那么最好的办法就是让他们觉得你高人一等。演讲时把自己当作橱窗里的展示品,听众会看到每一个属于你人性中的侧面,只要你流露出对自己的夸耀,就一定会遭遇失败。但是,如果你表现出来的是忐忑不安,没有勇气,情况也不会乐观。你应该谦虚,但是不能表现得毫无自信、计较得失。你要表现出来的是你在尽力做好演讲,并表达能力有限,那么听众一定会喜欢你，你自然也就得到了听众的尊重。

美国的电视界竞争十分残忍，每一季收视排行冠军的演员都可能面临这种竞争。在这里，艾德·萨利文一直保持着胜利者的地位。他并非电视专业人士，只是一位新闻从业者。在竞争激烈的电视圈中，他只能算是业余的。但他却一直能够处在不败的地位，原因就在于他没有高看自己，只把自己当成业余爱好者。在镜头面前，他的动作并不自然，这些动作在他人眼里甚至是一种失误，他有时会撑下巴，有时会弓着两肩，扯领带，说话也不是很流利……但这些缺点都不会损害他；即便有人因此对他不满，他也毫不在意。面对这些搞笑的动作，他和所有人表现得一样，会捧腹大笑。他喜欢这种批评，所以观众也很喜欢他。因为观众喜欢谦虚，不喜欢那些狂妄自大的人。

亨利和丹纳·李·托马斯的著作中，曾经对孔子做出了这样的评价："他从未把学识当作炫耀的资本。他只是以一颗仁爱的心，想方设法启发人们。"如果我们的胸怀能够如此宽广，那我们便有机会打开听众的心门。

·第三篇·
当众演讲的有效方法

现在，我们着重论述两种演讲的方法：
有准备的演讲方法和没有准备的演讲方法。
这三章的主要内容是有关说服性演讲、
说明性演讲和加深印象让人深信不疑的演讲的知识。
用一章的内容讨论毫无准备的演讲，
也许是一场说服性的演讲，也许是一场说明性的演讲，
也许是突发状况需要而做的即时演讲。如果演讲者能够明确演讲的目的，
那就可以自由掌握准备好的演讲的方法和即时演讲的方法。

第1章　激励性演讲的办法

"一战"期间,英国著名的主教在厄普顿营面对那些马上要上战场的士兵们演讲。其实我很清楚,能够理解作战价值的士兵很少,我和他们都交流过。但是,这位主教先生却跟他们说起了"国际友善",说起了"塞尔维亚应该在世界上占有一片领地",但士兵们几乎没有人知道塞尔维亚在哪里。所以,他与其这样演讲,还不如换成一篇"不知所云"的学术演讲,因为演讲效果没有什么区别。但是,他演讲时,所有士兵都集中注意力,原因是门的出口有宪兵把手,士兵们无法出去。

我并没有嘲笑这位主教的意思,他确实是一位货真价实的学者,宗教人士很崇拜他;但是在这群军人面前,他一败涂地,他彻底失败了。这是什么原因呢?因为他完全不清楚演讲的目的何在,更不知道要如何去做。

演讲有什么目的呢?不管你承不承认,演讲都无外乎四个目的，具体包括以下几点：

第一，说服听众，让他们开始行动。

第二，说明问题。

第三，加深印象，让人相信。

第四，让人们感到愉悦。

接下来，我们以林肯的演讲为例说明问题。

林肯曾经发明了一个装置，这种装置能够把在沙滩上搁浅的或者在其他障碍物中的船只吊起来，而且这项发明已经获得了专利。不过，知道这件事情的人很少。他的律师事务所办公室旁边有一家机械厂，他就是在那里完成这个装置模型的，只要有朋友参观，他就会向朋友讲解这个装置，似乎永远不会厌烦。这种讲解其实就是为了说明问题。

林肯在葛底斯堡曾经发表了十分著名的演讲，也就是他第一次和第二次担任总统的就职演讲，还有在亨利·柯雷去世时发表的追悼词……而这几场演讲的目的都是要加深观众的印象，让他们相信。

面对陪审团，他发表演讲是为了获得对他有利的决定；他发表政治演讲是为了能够得到选票。这类演讲的目的都是为了让观众开始行动。

林肯在成为总统的两年前，曾经费尽心思准备了一场和发明相关的演讲。他本来的目的是希望人们感到愉悦，但最终他失败了。他本想成为一名大众演讲家，但最终却遇到了困难。甚至有一次他演讲时，现场空无一人。

实际上，林肯进行的很多演讲都收到了奇迹般的效果，其中一部分演讲完全可以说是人类语言的经典。他取得成功的原因是什么呢？那就是他很清楚演讲的目标，并且知道如何实现目标。

不过，大多数演讲者都无法实现自我目的和听众目的的结合，因此看起来会十分仓促，有些慌张，甚至结巴，演讲必然会失败。

美国国会中有一位议员沮丧地从纽约旧马戏场的演讲台上走了下来，这是因为他做了一场说明性的演讲，但这个决定却很愚蠢。听众希望听到的并非教育，而是希望从演讲中获得愉悦感。开始时，听众还保持耐心听他演讲了10分钟，但是在之后的15分钟，大家都希望这场演讲快速结束，而他却毫不在意，依然不停地说。听众们忍无可忍，有人开始喝倒彩，有人跟着凑热闹，上千人跟着吹口哨，喊叫。这位议员真的太笨了，居然还没有察觉到听众的不满，依然接着说。此时的听众彻底生气了，一场战斗拉响了。人们的厌烦转化成了愤怒，听众希望这位议员能够马上闭嘴。于是，抗议的声音不断升高。最后，喊叫的怒火彻底打败了他的声音，即便站在20英尺的地方，也根本听不到他的声音。在喊叫和唏嘘声中，他从演讲台上走了下来，真的有些无地自容。

我们要从这件事中吸取教训，让自身的演讲和听众与场合相匹配。如果那位议员一开始就清楚地知道演讲的目的，知道自己适不适合参加政治集会，面对这些听众演讲，他可能不会落到如今的下场。因此，在做一件事前，一定要事先分析场合和听众，才能知道你演讲的目的是上面四类中的哪一种。

为了能够让读者明白如何"搭建演讲的结构"，我们专门用一章解释怎样"说服听众开始行动"。之后的3章我们会重点论述演讲的其他目的：说明问题；加深印象，让人相信；让听众感到愉悦。针对不同的目的，我们需要采取不同的组织方式，每一种方式都有容易犯错的地方，也都有我们需要克服的困难。首先，我们需要聊一聊怎样组织演讲的材料，使听众愿意开始行动。

怎样才能够组织好我们的演讲内容，让听众很快就能明白我们希望他们展开的行动呢？也许这只是一种在某些情况下能够发挥作用的办法。

20世纪30年代，我和同事们探讨过这个问题。当时，我的课程在全国范围内受到了热烈欢迎。但因为班级的人数很多，所以，我把每个人演讲的时间限定在两分钟。如果演讲者的目的是愉悦他人或者说明问题，那么这个限定对于他们来说可能无关紧要。但是，当我们致力于"说服听众开始行动"的演讲时，情形就大不相同了。如果我们遵循亚里士多德之后一直被人们认可的传统演讲方式，将演讲分为绪论、本论和结论，那么这种鼓励听众开始行动的演讲根本开始不了。我们需要一个更加新奇的玩意儿为我们提供一个更加安全有效的办法，在两分钟之内达到目的，让听众开始行动。

我们在芝加哥、洛杉矶和纽约都召开了会议，让全部老师建言献策。这些老师有些是名牌大学演讲系的老师，有的在事业经营上数一数二，有的正试图进入广告界和促销界。我们希望能够在这些背景和智慧中，探索出一种崭新的组织演讲结构的办法，一个更加合情合理，更适合现代社会需要，更符合心理学和逻辑学的办法，以此说服听众开始行动。

功夫不负有心人，经过很长时间的讨论，我们终于找到了那个组织演讲结构的"神奇公式"。之后，我们在班级中对这个公式进行了实验，一直到今天，我们还在用。这个神奇的公式是什么呢？其实并不复杂：

一开始我们需要描述一些事实，尤其是事实中的细节，生动形象地告诉听众你的想法；

然后，清楚详细地表达你的想法，准确地告诉听众你希望他们怎么做；

第三，说明原因，不断告诉听众，如果能够按照你的说法行动，他们将会得到哪些利益。

在快节奏的生活方式下，这个公式十分实用。演讲者不会在绪论上花费大量时间，沉迷其中。人们真的太忙了，他们更喜欢演讲者直接表达，开门见山地说明目的。他们更喜欢那些重点明确，语言简练的新闻报道，他们不希望辗转反侧猜测事实的真相。他们生活在麦迪逊大街上，那里到处都是广告，这些广告全部用招牌、电视、杂志和报纸上那些十分显眼的词汇，把所有信息传递给人们；它们一字千金，无法容忍浪费。因此，这个"神奇公式"，能够让我们更好地吸引听众的注意力，更明确演讲的重点。它能够避免"我没有足够的时间准备好这场演讲"，或者"我受你们的主席邀请前来演讲时，思考了他选择我的原因"这样没有任何价值的开篇。不管你表达歉意或者解释的话是不是发自内心的，他们都没有兴趣。他们希望的是行动。在这个"神奇公式"中，你一开始就给了他们想要的。

在简短的演讲中，这个公式特别实用，因为这个公式中藏着一些悬念。当你开始讲述时，你的故事会使听众的注意力集中，当你说到两三分钟时，他们才能知道你的目的。如果你想让听众听你的话，采取行动，那么这个办法很重要。演讲者如果想让听众为了某一件事捐款，开始演讲时却说："先生们，女士们，我来这里的目的是希望你们每个人给我5美元"。我相信，这件事情不管多么有价值，他们也一定会扭头就走，而不是拿出钱包。但是，如果你先讲述了去儿童医院的经历，看到了一些需要救助的病例：偏远医院的一个儿童，因为经济问题没有办法进行手术，然后呼吁听众帮助这个孩子，听众的支持度一定会更高。那些动听的故事和事实就是你通往目的地最好的道路。

列兰·史脱先生又是如何用事实感染听众的呢？他通过演讲呼吁听众参加支持联合国儿童的救援行动：

我希望我不需要为了这件事奔波劳碌：一个儿童和死神之间，只有一颗花生的距离。你们想想，这种经历还不够悲惨吗？我希望你们不要再忙着宣传这件事情了，让这种悲哀的经历成为过往。雅典工人居住区在炸弹的轰炸下，已经伤痕累累了，如果有一天，你在这里听见了这种声音，看到了他们的目光……但是，我的脑海中挥之不去的是那半磅重的一罐花生。当我费尽心思打开花生时，一群衣不蔽体的孩子们把我围在中间，他们伸出手。在人群中拥挤的还有大量抱着婴儿的母亲……她们尽力地把婴儿放在我们面前，骨瘦如柴的小孩把颤抖的小手伸向我。我尽量让每一颗花生发挥最大的价值。

拥挤的人群就像是疯子，我感觉我快要站不住了。我抬头看去，几百只手伸向我：那是渴望得到怜悯的手，抓握的手，看不到希望的手，那些手全部都骨瘦如柴。他们从一个地方得到一颗盐花生，从另一个地方再得到一颗盐花生。我的手中有六颗盐花生掉了，我看见骨瘦如柴的躯体在我的脚下抢夺那几颗花生。他们从一个地方得到一颗花生，再从另一个地方得到一颗花生。我看见了无数只手伸向我，他们乞求我；我看见了上百双充满希望的眼睛。此时的我，只能无奈地站着，因为我手里的蓝色罐子已经空了……啊，我希望你们永远不要遇到这种场景。

在书写商业信件和指导员工工作时，这套"神奇公式"也发挥着十分重要的作用。母亲能够用这个公式鼓励孩子，孩子也能够利用这个公式对父母提出要求。你可能会发现这个公式完全就是一把心理锐器，在生活中，你完全可以通过这个方式把个人观点传递给他人。

即便是广告界，这个"神奇公式"也无处不在。伊弗雷迪电池公司近日来在广播和电视上做了很多广告，其依据就是这套公式，其设计如下：

开始时，主持人在讲故事：夜深人静时，一个人因为意外状况被困在了一辆翻倒的汽车里。主持人生动形象地描述了这场意外事故，然后请受害者出场，告诉听众他是怎样利用伊弗雷迪电池让手电筒发光，然后获救的。接着，主持人又回到了他的目标上，说明了主要目的和原因："只要购买伊弗雷迪电池，在类似的危急时刻就能活下来。"

这些故事是伊弗雷迪电池公司的真实资料。我不知道在这个广告的帮助下，伊弗雷迪电池公司的电池销售量增加了多少，但是我可以保证这套"神奇公式"是有作用的，它能够帮助你高效率地告诉听众你希望他们完成的行为或者不想让他们触碰的事情。

接下来，我们就更进一步探讨这个问题吧。

一、以亲身经历为案例

你生活中的案例其实就是演讲内容的一段，你的演讲应该在这方面花费大量时间。在这个时期，你应该尽量说出那些曾经对你有所启发的经验。心理学家曾说，人们的学习方式分为两类：一类是联系，也就是多种相似的事件能够帮助人们改变其行为方式；另一类是效应，也就是让某一件事情产生非同寻常的影响力，使其足以改变人们的习惯。我们每个人都有一些与众不同的经历，想要找到这些事情并不需要耗费太多精力。我们的行动基本是以这些经验为指导的。如果能够再次重构这些事情，完全可以使这些事情成为影响他人行动的基础。做到这一点，对我们来说应该不难,因为我们面对言语和面对真实时,做出的回应几乎没有什么区别。

在举例子时,一定要注意重构自身经验中的东西,让听众和你产生共鸣。为了实现这个目的,你可以鲜明地说出你的经验,强调特点,然后用戏剧化演绎,这会使这些经验更有意思,力量也更强大。接下来,我会帮助你们把案例说得更加条理清楚,更有力量,更有价值。

1. 以个人经历为依据

如果这件事情曾经使你的生活发生了翻天覆地的变化,那么这件事的力量会很强大。也许事情仅仅发生在短短几秒的时间内,但也正是那几秒钟,让你上了一生中最难忘的一堂课。例如,前不久我们班级中的一位学员讲述了他拼死一搏从已经翻转的船上游回岸边的恐怖经历。我相信所有听众都有一个想法,如果自己碰到了这种状况,一定会按照他说的做:留在船上,等待救援。还有一位演讲者也说了他的经历:这个故事与一位儿童和一台翻转的电动剪草机有关,是一个十分悲伤的故事,至今为止,我对这个故事还印象深刻,之后,只要我看到孩子在我周围玩电动剪草机,一定会更加注意。

我们有很多老师,都是因为在班级中听到了刻骨铭心的故事,所以回家之后才开始行动,以免家庭中突发意外状况。比如,有个人听到了烹饪导致火灾的演讲,回家后马上在厨房中放了灭火器。一个人因为听了一场演讲,回家就把全部装有毒品的瓶瓶罐罐做了标记,并且把这些东西放在了孩子接触不到的位置。其实就是因为一场演讲，演讲的内容是一个母亲发现他的孩子在鱼缸中去世了，手中的瓶子里装的是毒药。那时候这位母亲真的疯了。

想要进行一场说服性演讲，一定要有一场刻骨铭心的经历。利用这种经历，感染观众，说服他们即刻行动起来。因为听众的思维是，如果你遇到过这种事情，那么这种事情就有可能发生在他们身上，他们能做的只有听你的话，尽量按照你说的去做。

2.直截了当地讲述事情的细节

刚开始演讲的时候就举例子，那么听众的注意力很快就会被吸引。有些演讲者可能无法在一开场就吸引听众的注意力，其实就是因为他以传统的客套话或者烦琐的歉意作为开场白，听众自然没有兴趣。"对于当众演讲这件事情，我确实不习惯。"这些话听起来会不会很不爽呢？但是还有一些传统的开场白也会让人讨厌。比如一些演讲者总是详细叙述自己是怎样选择演讲主题的，或者告诉听众他的准备并不完美（听众其实很快就能意识到这一点）……其实，在短时间的演讲中，这些能避开就避开吧。

一位流行报纸杂志的记者说过这样一句话：开场就说你的真实案例，听众的注意力很快就会被吸引过来。

在这里，我先列举一些开场白，这些开场白会在瞬间牢牢抓住我的注意力：

"1942年，当时的我就在医院病床上躺着。"

"昨天早饭的时候，我的爱人在倒咖啡……"

"去年的7月份，我开车在42号公路上飞驰而过……"

"有人打开我办公室的门，我抬头看见查理·冯，他是我们的

领班。"

"我在湖中央钓鱼时，突然抬头看见了一艘快艇快速向我驶来。"

如果你在演讲的开始就说明了人物、时间、地点、事情和原因，那么你使用的就是最传统的吸引听众注意力的交流方式。"从前"这个词语很有魔力，它能够打开孩子们的想象力。使用这种方式，你也能够瞬间抓住听众的注意力。

3.用细节丰富你的案例

细节本身毫无趣味可言。比如，如果一间屋子里到处堆积着古董和家具，那这间屋子未必好看，如果一幅图画上画满了毫不相干的细物，恐怕也吸引不了人们的注意力。同样的道理，不痛不痒的细节太多，会使当众演讲成为一个无趣的行为。因此，你选择的细节必须是一些能够表明你演讲重要性的，能说明原因的。如果你希望大家知道，在长途旅行开始之前需要先检查车辆的性能，那么你就需要详细描述在某一次旅行之中，你因为没有做到这一点而遭遇了什么。相反，如果你先说你是如何欣赏风景的，或者你在抵达目的地之后选了什么地方住宿，就只会让重点模糊，使听众的注意力难以集中。

如果你能以演讲的主题为核心，借助于一些重要的细节丰富你的故事，那就太完美了。这完全能够让当时的画面重现在听众面前。如果，你先说了原因，再讲突然而至的结果，那么听众可能根本不会小心开车，因为这种方式无法吸引听众的注意力。如果你能够用简单的语言讲述那些刻骨铭心的经历，用丰富的词汇表达你内心的感受,听众一定会对这件事情印象深刻。

下面我们来看一个真实的案例,这是一件发生在一位培训班学员身上的事,他生动地说明了寒冬到来时,开车一定要小心:

> 1949年圣诞节前夕,我开车行驶在印第安纳州41号公路上,一路向北,车里坐着我的妻子和孩子。我们沿着一条光滑的结了冰的马路,一路行驶了好几个小时,速度非常慢。只要稍微碰下方向盘,我的福特车就会打滑。几乎没有司机离线超车,时间就这样慢慢流逝。
>
> 在一处宽阔的转弯处,在太阳的照耀下冰雪已经逐渐消融了,我踩了油门,想要快点前行。所有司机的想法和我都差不多,大家都在赶路,想要快点到达芝加哥。气氛放松了下来,后座上坐着的孩子们开始唱歌。
>
> 突然间,汽车走上了上坡路,驶进一片森林。但汽车加速到顶端时,我发现北边的山坡并没有那么好的阳光,路边依然结着冰,可是,说什么都太晚了。我看到了在我前面行驶的两辆车翻了,我们的车也开始下滑,从路边飞了过去,车子已经完全失去了控制,我们掉在了雪堆中,车子依然直立。我们后面的车也跟着下滑,和我们的车撞了,车门坏了,我们的身上到处都是玻璃。

这个案例中有大量细节,听众很容易看到真实的场景。其实你的目的就是让听众看到你看到的一切,听到你听到的一切,感

觉到你感觉到的一切。那么利用大量细节是一个十分重要的方式，而且是唯一的方式。就像这本书第二篇第一章说的那样，准备一场演讲的过程其实就是不断问自己的过程：什么人？什么时间？什么地点？怎么样？原因是什么？你一定要让听众感到受到真实的画面，激发他们的想象力。

4. 在讲述现实时，重现经验

演讲者不仅需要使用大量如同图画一样的细节，还要让场景再现。演讲和"表演"其实有很多相似之处。所有称得上伟大的演讲家一定有表演的天赋，但是这种天赋并不稀有，也并非只有雄辩家才有，孩子们同样也有。我们认识的很多人都是如此，他们的面部表情十分丰富，擅长模仿，擅长做手势，这其实就是表演的可贵天资。大部分人都能做到这一点，只需要努力一些，多加练习，就会有所发展。

在演讲的时候，如果能够用大量的动作和激情澎湃的心绪使演讲更加充实，听众一定会印象深刻。演讲中不管有多少细节，如果演讲者没有再创造的激情，这些细节就会失去力量。比如，你在描述一场大火时，应当把消防队和大火殊死搏斗的场景讲出来，把当时人们内心的激烈、焦虑、兴奋和紧张表现出来，并且把这些传达给听众。你想说你和邻居之间发生的争执，应该通过戏剧化的方式情景再现。你想描述在水中生死一线时内心的恐惧，应当让我们体会到生命即将逝去的恐怖和无奈。

举例子的目的之一是让听众加深对演讲的印象，使他们难以忘记。只有让这些事情深深地印在听众的脑海中，他们才会对你的演讲有印象，他们才会去做你想让他们做的事情。我们都知道华盛顿十分诚实，其实是因为他幼时砍樱桃树的故事，韦姆斯的传记已经让这个故事印在了人们的脑海中。

这个办法不仅能让听众对你的演讲印象深刻，还会让你的演讲更加生动，说服力更强，更简单易懂。生活告诉你的东西，已经让你的听众感受到了：从某个角度来说，他们已经决定要按照你说的做了。那么，我们便到了"神奇公式"的第二阶段。

二、直接提问，说出你的要求

在说服听众开始行动的演讲中，我们已经用了3/4的篇幅。如果你只有两分钟的时间，那么你用来告诉他们你希望他们做的事情的时间就只有20秒了，在这段时间内，你还需要告诉听众他们行动之后会获得哪些利益。此时，你不需要再拘泥于细节，应该开门见山。这和报纸消息的窍门是完全相反的，你首先要做的事情不是说标题，而是讲故事，然后再把自我目标和希望听众采取的行动作为题目。在这个阶段，需要遵循3个原则。

1. 语言简练，重点突出

很简单地告诉听众，你希望他们完成的事情。一般情况下，人们只会对自己清楚的事情采取行动。因此，你要扪心自问，你希望听众听完你列举的案例之后，采取什么行动。像写电报一样把这些事情写下来，是不错的选择，尽量使语言简练，观点明确。切忌用"希望大家对我们本地孤儿院的病童伸出援手"，这种说法太概括了。你可以换一种说法："今天晚上就签名吧，下

个星期我们聚集在一起，带领25名孤儿前去野餐。"

提出大家采取公开行动的要求是非常必要的，这个行动应该是有目共睹的，而不是看不见的心理活动，不然蒙混过关的大有人在。比如："经常想想家里的老人吧！"这些行动就不够具体，不容易实施；换一种表达方式"周末回家看看老人吧！"这个说法更加清楚。再比如"要热爱祖国"，可以说"下周二请大家投票"，这个说法更加清楚明确。

2. 重点简便，容易操作

不管是什么问题，不管人们是否存在争议，演讲者一定要把自己的重点和对行动的要求说清楚，让听众能够理解，并且开始行动。最好的办法就是观点明确。比如，你希望听众能够在记忆人名方面更进一步，切忌说"从现在开始，提高你记忆人名的能力"，这个说法太概括了，人们根本无从下手。不如换个说法："在你碰见下一个你不认识的人时，花5分钟的时间，重复记忆他的名字5次。"

相比于笼统的言辞，演讲者给出的确切的行动指南更能让观众开始行动。比如"去讲堂后面，在祝福早日康复的那张贺卡上签上你的名字"，这种说法远好于劝说听众写一张慰问卡，劝说听众写一封信给住院的同学。

不过演讲者到底应该使用肯定还是否定的说法，这一点应该参考听众的观点。这两种表达方式各有优点。比如，否定的语气表明听众应该尽量避开一些东西，这比肯定的要求更有说服力。"不要摘电灯泡"，这一广告是否定的说法，其目的在于提高电灯泡的销量，效果甚佳。

3.信心十足，强烈地表达你的观点

观点是演讲的中心，所以你应该充满信心，强烈地说出你的观点。就像标题十分显眼一样，你希望听众采取的行动也应当通过激烈的演讲说出来。你现在要让听众感受到你的积极，感觉到你的真心实意。你的请求中不应该让听众看到模棱两可或者毫无信心的成分，说服的态度应该坚持到最后一刻，然后才能开始"神奇公式"的第三个阶段。

三、解释原因或告知听众即将得到的好处

在这一步中，依然要抓住重点，语言简练。第三个阶段的关键在于，你要说出自己演讲的原因；或者跟听众说说，如果他们按照你的说法做事，会有什么好处。

1.把原因和案例结合在一起

这本书中已经讲述了很多当众演讲的原因。这一问题涵盖多个方面，对于希望听众采取行动的演讲者来说，这个办法很有效。在这一章中，我们谈论的都是一些和"让听众开始行动的简单演讲"相关的话题，你需要做的是，用简短的语言告诉他们这样做的好处，然后坐下来。但是，更关键的是你要说明的益处必须从你列举的案例中引出。如果你想说的是自己买二手车省钱了，然后说服听众买二手货，那么你一定要告诉他们买二手车会带来哪些经济效益。不能远离事实，说一说和新车相比，二手车在款式上的优越性。

2.一定要着重说一个原因，一个就好

大多推销员为了让你购买他们的产品，能够找到大量理由；

你为了让听众支持你的观点，也可以找到很多这种理由，并且这些理由和你使用的案例全部相关。但是，最好还是把一个理由作为重点，当然把利益作为重点也可以。告诉听众的最后几句话，应该是十分清楚明确的，就像是全国性杂志中的广告一样。如果你认真研究那些人们用其聪明才智设计出来的广告词，相信你就会明白怎样处理演讲的"重点的原因"。

没有什么广告会一次推销两种或者两种以上的产品或者理念。在销售排行靠前的杂志中，也不会在一个广告词中推出两种以上的理念说服你购买某一产品。同一家公司为了刺激消费者购买产品，可能会更换媒介，比如从电视换成报纸，但是却不可能在一个广告中提出不同的诉求，不管是从视觉上还是从口头上。

如果你认真研究杂志和电视中的广告，对其内容进行分析，你就会发现，说服人们购买某种商品时，这个"神奇公式"使用的频率很高，这一点太让人惊讶了。从这里你或许就能体会到，广告能够成为一个完整的经纬线的原因便在于"符合主题"。

其实举例的方式有很多种，如陈列、展示、引用有权威的评论，比较和引用统计数据等，在之后的章节中，我们会详细介绍。这一章讲述的"神奇公式"仅仅适用于个人案例，因为在"说服听众开始行动的简短演讲"中，这套公式是最方便，最有意思，戏剧性最强且说服性最好的办法，最起码到目前为止是这样。

第2章　说明性演讲的技巧

某一次，美国的参议院调查委员会被一位政府的高级官员搞得心神不宁，如坠云雾，或许你在很多演讲中都看到过这样的场景。这个人一直在说，但是却没有说清楚，从他的话中我们找不到重点，他根本说不明白他想表达什么。委员会在他的解说下更加疑惑。最终，小撒姆尔·詹姆斯·艾尔文终于抓住时机，进行了几个绝佳的比喻。这个人是来自北卡罗来纳州的参议员。

他说，看见这个官员，他想起了一位男性同乡。这个男人告诉律师，他准备和妻子离婚，但是他认为妻子长得很美，做饭很好吃，对孩子也尽职尽责。

律师问他："那你为什么要离婚呢？"

男人回答说："她太能说了。"

"她都说什么呢？"

男人回答说："她从来没有说明白过，正是这一点让我厌烦

至极。"

很多演讲者都有这样的问题，这和性别无关。很多时候，大家根本不知道他们到底说了什么，他们也从未说明白过，从来没有把自己的想法说清楚。

我们在上一章中介绍了简短演讲的"神奇公式"，这能让听众开始行动。现在，我会告诉大家另外一些办法，让你在告诉他人一件事情时，说得更加明白。

我们每天都逃不开说明性的交谈，例如提出说明或者指导，提出报告或者解释。每周在各地进行的演讲中，说服听众采取行动的演讲次数最多，说明性的演讲紧随其后。把事情讲清楚，其实和说服听众开始行动的技能差不多。美国工业巨子之一欧文·杨也曾强调过，在现在社会中，把一件事情说明白的能力至关重要：

"当一个人能够让他人更了解自己时，自己的价值也就提升了。在这个社会中，即便是非常容易的事情，也离不开互相合作，所以我们要做的第一件事情就是互相了解。语言是沟通的重要媒介，因此，我们一定要学会使用语言，不是大概学会，而是非常明确地学会。"

这一章中的所有建议，能够让你更加条理清晰地使用你的语言，让听众轻松简单地对你有所了解。罗德威·威根斯坦曾经说过："只要是你能想到的事情，就都能想清楚。只要是你能表达出来的事情，也都可以表达清楚。"

一、限制题材，适应时长

威廉·詹姆斯教授曾不止一次地告诉部分老师，一个人在演讲的时候只能有一个重点。他说的演讲，指的是限时1小时的演讲。最近，我听了一个限时3分钟的演讲，演讲者开始演讲的时候，就表明他要讲11个重点。也就是说，一个重点所用的时间为16.5秒。是什么样的"智者"竟然会做出这么荒诞的事情呢？这真是太匪夷所思了。当然，这只是个例，但即便情况没有这么糟糕，对于新手来说，范围太广也一定会出现问题。就像是一个导游，想要用一天的时间带领游客游玩巴黎，这是不可能的。一个人只用半个小时当然也可以看完美国的国家历史博物馆，但结果就是他什么也没有记住。很多演讲者讲不明白的根本原因在于，他们想要在限定的时间内创造世界纪录。所以，他们如同敏锐的山羊一样，从一个重点飞快地跳到另一个重点。

如果现在你演讲的题目是劳工联盟，演讲的时间是3分钟或者6分钟，那么你根本不可能说明白它建立的原因，使用的办法，它的成就和失误，它是如何解决工业争执的。如果你一定要这样做，那么人们对你所说的一切都会毫无印象。它将不过是一片混乱，一片模糊，或者只是一个简要的大纲。

那么，换一种思维，你为何不选择一个方面详细谈论呢？只谈论着一个不是更聪明吗？这样听众会留下十分明确的印象，对你谈论的内容更容易理解，也更容易牢记。

某天清晨，我前往一家公司，拜访其总经理，看见门上挂着一个不认识的名字。这家公司的人事部长是我的故友，他跟我说了换人的原因。

朋友告诉我："这个人的名字坑了他。"

演讲与口才

我没有听明白，接着问："他的名字？据我所知，他是这家公司的董事之一啊！"

朋友告诉我："我说的是他的外号，他的外号是'他现在在哪儿？'大家都称呼他'他现在在哪儿'琼斯。一般情况下，我们根本找不到他，不知道他的去向。他的心思根本不在公司的业务上，他不会花时间了解这些事情。他每天的大部分时间都在公司里，但是究竟在做什么呢？我们看到的只是他这里走走，那里转转，以此打发时间。在它看来，航运部门的职员熄灭一盏灯，或者速记员捡起一张纸比一桩生意更有意义。我们很少在办公室看到他，所以大家都叫他'他现在在哪儿'。"

这个人让我联想到现在很多演讲者，他们本来可以做得更好。但他们之所以没有做到这一点，完全是因为他们毫无重点。他们和琼斯很像，想要掌控更广阔的范围。你听过他们的演讲吗？在听的时候，你的脑海中是否也冒出过"他现在在哪儿"的想法呢？

即便是久经沙场的演讲者有时候也会出现这种问题。或许他们的才华太多了，所以他们注意不到内容分散的危害。但是你不能学习他们，你要学会抓住中心。如果你能让自己逻辑清楚，听众就会认可："我知道他说的内容，而且能够听明白。"

二、按照顺序演讲

没有什么演讲能够逃开时间、空间或者事情的逻辑顺序。如果按照时间顺序，可以把演讲分为过去、现在和将来"三段式"

的顺序处理材料，当然也可以以某一天为开端向后叙述或者倒叙。在演讲的过程中，最开始都是一些没有经过加工的原材料，只有经过各个阶段的制造，才能形成最终的产品。至于在其中添加了多少细节，那要以演讲的时间来决定。

如果采用空间顺序，可以从一个点出发，然后向外延伸，或者以方向为依据处理，比如北方、南方、东方、西方等。如果你希望讲述华盛顿城，可以带着听众从国会山庄的顶端，从不同的方位叙述有趣的地方。如果你想描述一架喷气引擎或者一辆汽车，可以将其拆成零件，一一描述。

还有一些演讲本就内含某种顺序。如演讲者要介绍美国政府的结构，可以从立法、行政、司法三个部门的内在结构讲述，效果一定很好。

三、一一列举观点

想要让听众听到的你的演讲是井井有条，逻辑清楚的，最简便有效的方式就是在演讲的过程中说明你要先说什么，再说什么。

你可以直截了当地告诉听众："我要说的第一点是……"说完这一点之后，你也可以清楚地表明你要说的第二点是什么，就这样完成整个演讲。

联合国曾经的助理秘书长拉尔夫·布切博士，在纽约罗切斯特城市俱乐部举办的一次演讲上，开门见山地说：

"今天晚上，我演讲的题目是'人际关系的挑战'，原因有

两个，"他继续说，"第一个原因是……第二个原因是……"从开始到结束，他都尽力让每一位听众知道他想说的重点。他带着听众，得出最终的结论：

"我们必须要对人性向善的天性保持信心。"

经济学家道格拉斯在美国国会联合委员会想办法刺激萎靡不振的商业会议上，以税务专家和伊利诺伊州参议院的身份出席演讲，也十分巧妙地利用了这个办法，效果显著。

他这样开场："我演讲的主题是：对中低收入人群来说，减税是最快速，最有效的行动，因为这些人的收入基本会被他们全部花完。"

然后他接着说："详细地说……更进一步地说……此外……其原因有3点：首先……其次……再次……"

最后，他说："总而言之，我们需要马上对中低层收入人群减税，这样才能增强他们的需求和购买能力。"

四、对比陌生题材和听众熟悉的题材

某些情况下，你会发现：你劳累了半天，但依然说不明白你的观点。你本来对这件事情了如指掌，但是想要让听众了解，你需要更进一步地解说。那该如何做呢？不如把这件事情和听众熟知的事情联系在一起，告诉他们两件事情的道理是一样的，就像他们了解的事情那样。

如果你想要介绍催化剂在化学中对工业的价值。你可以选择告诉他们这就是一种物质，能够让其他物质发生改变，但其本身不会发生改变，这说起来特别简单；但是如果你换一种说法呢？他就像是一个小男孩，在校园里十分调皮，还推其他小孩，但他自己没有受伤，没有被打过，这不是更加形象吗？

1. 把事实转变成图画

月亮到底有多远？太阳到底有多远？距离最近的星星呢？科学家们回答这些问题的时候都会使用大量数据。但是科普的作家们知道，普通听众对于这些数据毫无概念，所以他们经常会把数据转变成图画。

詹姆·吉恩斯爵士是著名的科学家，他对于人们探索宇宙的欲望充满了兴趣。作为一名科学家，他对深奥的数学了如指掌，但是他也很清楚，在他写作或者演讲的时候，需要使用几个数字，这样才能让效果更好。

虽然太阳和我们周围的行星距离很近，但是我们并不清楚太空中旋转的其他物体和我们之间的距离究竟有多远。《我们周围的宇宙》是他的著作之一，在这本书中，他这样写："即便距离最近的星星（普洛西玛·森多里星）和我们之间的距离也有25万亿英里多。"为了让这个数字更加清楚，他这样解释："如果一个人从地球上飞了起来，运行速度高达每秒18.6万英里，也就是以光速飞行，那么他到达普洛西玛·森多里星的时间为4年零3个月之后。"

他用这种方式表明了太空的广阔无垠，我想这比某位演说家解释阿拉斯加的面积时使用的办法更加真实。那位演讲家说阿拉斯加的面积约为590804平方英里，之后就再也没说什么，根本没有说明它到底有多大。

通过这个描述,你能了解美国第49个州的规模吗?当然不能。后来,我又查找了其他资料,才搞清楚这个问题。它的面积大于比佛蒙特、新罕布什尔、缅因、马萨诸塞、罗得岛、康涅狄格、纽约、新泽西、宾夕法尼亚、特拉华、马里兰、西弗吉尼亚、北卡罗来纳、南卡罗来纳、佐治亚、佛罗里达、田纳西和密西西比等州的总和。现在你是否对590804平方英里有了更进一步的了解呢?或许你会发现,阿拉斯加州还有很多能够开发的土地。

多年前,我们训练班上的一位学员曾经描述了高速公路上因车祸而死亡的人数多得可怕,真的太恐怖了:

"现在,你开车横穿全国,从纽约到洛杉矶。如果你发现路边立着的并非路标而是棺材,那么每一具棺材中都有去年公路大屠杀中的受害者。当你开车急速行驶的时候,每过5秒你就会看到这样一个恐怖的坐标,从这里到那里,每英里约12个。"

之后,每次我开车的时候都不会开太远,因为我的脑海中总会闪现出这一画面。

为什么会有这种效果呢?因为我们听到的东西不会保留太长时间,它们就像雹子落在榉树上一样,树皮光滑,它们随时都可能会掉下来。但是我们亲眼看到的场景呢?多年前,我曾亲眼看见了一颗炮弹落在多瑙河岸边的老屋中,这颗炮弹是乌尔姆战役中拿破仑的炮兵部队发射的。亲眼看见的场景就像那颗炮弹,在脑海中挥之不去,留下很深的印象,这种场景代替了所有反面的提示,就像是拿破仑把奥地利人赶走了一样。

2.尽量不要使用专业术语

如果你的工作是关于某项技术性的专业性较强的工作,像律师、医生、工程师或者其他一些专业化程度很高的工作,那么当你面对外行人演讲时,一定要十分谨慎,小心地使用一些通俗易懂的语言解释这些词语,同时还要加上一些不可缺少的细节。

我的专业责任告诉我你一定要十分谨慎。我听过的演讲有上百场,它们失败的原因就在于此,且败得惨烈。这些演讲者对此全然不知,普通的听众根本不了解他们的特殊行业。这会有什么样的结果呢?虽然他们不知疲倦地津津乐道,但是他们使用了很多对他们的工作意义非凡的词语,外行人对这些词语根本一窍不通,他们也听不懂演讲者在说什么。

此时的演讲者应该如何处理呢?印第安纳州前参议员贝佛里奇的意见值得参考:

"最好的办法,就是在听众当中选择一个看起来并不智慧的人,然后努力让他对你的演讲产生兴趣。你演讲使用的语言一定要是一些通俗易懂的话,并且你要清楚地表明你的观点,只有这样,你才能达到你的目的。此外,还有一个更好的方法,那就是把父母带领的小男孩或者小女孩作为你演讲的目标。

"你可以暗自告诉自己,也可以大大方方地告诉听众,你如果喜欢的话,就会说得简单清楚,让小孩子也能够明白并且牢记你的解释,而且他们能够把你所说的告诉他人。"

我的训练班上有一位医生,他在某次演讲时说:"利用隔膜呼吸帮助肠子蠕动是对健康的一种赏赐。"他本来希望能够用这句话总结演讲的内容，然后再说点别的。但是演讲老师喊停了，并提出听众中有谁听懂了隔膜式呼吸和其他呼吸方式的区别，这种方式为什么更有利于人体健康，肠子蠕动有什么作用，如果听懂了，请举手示意。结果让这位医生十分惊讶。因此，他只能重新说明：

隔膜是一层十分薄的肌肉，它在肺的底部，在腹腔的顶部，属于胸腔的底层。当胸腔呼吸时，隔膜就会收缩，就像是倒放着的洗漱盆一样。

在进行腹腔式呼吸时，每呼吸一次，隔膜就会向下推一些，形成一个接近平面的面，这时人们会感到肠胃被腰带挤压了。隔膜的这种向下的压力会按摩并使腹腔的上部器官受刺激，这些器官包括我们常说的胃、肝、胰、脾等。

当呼气时，胃和肠又会向上挤压隔膜，这就相当于第二次按摩，这种按摩对人体排泄过程是有好处的。

大部分疾病都和肠胃不适有关系。如果我们的肠胃因为隔膜的深呼吸做一些运动，那么绝大多数的消化不良、便秘和体内毒素堆积等就不存在了。

不管怎么说，从简单的开始，然后再说复杂的都是最好的方式。例如，你希望一群家庭主妇了解冰箱为什么要除霜，用下面这种方式开始你就彻底完了：

蒸发器从冰箱内部吸收热气是冷冻的原理。当热量被吸收时，蒸发器上就会形成一层厚厚的湿气，这样就会导致蒸发器绝热，致使马达多次工作，加厚逐渐增加的霜层，形成绝热。

希望大家注意，如果演讲者从家庭主妇们了解的东西开始演讲，或许她们更容易理解：

众所周知，冰箱里的哪一层是放置肉类的。那么，想必你们也很清楚冰冻器中的霜是怎样形成的。这些霜随着时间的流逝会越来越厚，紧接着，冰冻器就需要除霜了，这样冰箱才能继续运作。冰冻器的四周都有霜，就像是你在床上躺着时盖着毯子一样，或者说是墙里使用的隔热石棉也可以。这些霜越来越厚，冰冻器就难以从冰箱中吸取热量，冰箱也很难继续保持冷度。为了保持冰箱里的冷度，冰箱的马达必须工作。如果在冰箱中加入自动除霜器，那么霜就不会太厚，马达工作的次数和时间也会减少很多。

亚里士多德曾经对这一问题发表过观点："思想和智者无差，说话和常人一样。"如果你不得不使用一些专业术语，那就必须先跟听众解释，这样他们才能听懂。因此，你一定要先解释你需要多次使用的关键词。

我曾经听过一场演讲，演讲者是一位证券经纪商，听众是一群妇女。这些女性希望能够了解银行和投资的根本原则。演讲者先使用了一些通俗易懂的语言和轻松活泼的谈话方式让她们放松心情。他说的每一件事基本都很清楚，但是他却没有解释一些基本的词语意思，对于这些女性来说，这些词并不好懂。例如他说

"票据交换所""课税与偿付""退款抵押"与"短期买卖和长期买卖"。最终，这场精彩的演讲成了一片混乱，因为听众根本不知道这些专业术语是什么意思。

但是，在一些情况下，即便你知道听众听不懂一些关键词的含义，也没有必要非避开它，只要在使用时尽量解释就行了。不要担心，你完全可以通过查词典的方式解决这一问题。

你想谈一谈你对歌唱广告的想法吗？或者是对冲动式购物，对文学艺术课程或者成本会计、政府津贴、逆向驾驶等的观点吗？你希望提倡一种对孩子更加宽容的态度，或者评价体系吗？不管题材是什么，你一定要让听众熟悉这些专业术语或者关键词，听众对这些的了解程度要和你基本相当。

五、借助于视觉辅助工具

眼睛传达给脑部神经的东西要比耳朵传达给脑部神经的东西好很多倍。科学实验证明，人们对眼睛提示的注意力要远远高于耳朵提示的注意力，高达25倍。

日本有一句话说："耳闻不如目见。"

所以，你如果希望你能说清楚你的想法，可以借助图画描绘你的重点，把想法视觉化。美国现金注册公司创始人帕特森就使用过这个办法。他为《系统杂志》发表过一篇论文，简明扼要地说明了他面对工人和销售人员演讲时采取的办法：

在我看来，一个人想要利用语言完全了解他人的想法或者吸引他人的注意力是不可能的，还应当使用一些带有戏剧性的辅助工具，比如图画就是最好的办法，利用图画展现对的和错的。表格比语言文字更能说服听众，和表格相比，图画则更能说服听众。最佳的表现主题的方法就是，匹配一定的图画，把语言和文字作为图画的最佳搭档。很久以前，我就意识到了，和他人谈论的时候，图画比我说的所有话都更有价值。

如果你决定采用一张表格，那么这个表格一定要很大，让人们能够看清楚。但是，要记住过犹不及。大量的表格会让人们感到无聊。如果是一边讲一边画，那就需要在黑板上用最短的时间最快的速度完成，听众感兴趣的并非伟大的艺术作品。在使用缩写的时候，一定要写得大一些，这样才容易看出来；在画画或者写字时，不要暂停说话，要随时转身面向听众。

在利用展示物时，为了保证吸引听众的注意力，我要提醒大家注意以下几点：

1.开始的时候把展示物藏好，需要的时候再拿出来。

2.使用的展示物一定要足够大，即便坐在最后一排也能够看见。如果听众看不见，那一切就毫无意义。

3.演讲时，不要让听众传阅展示物。相信你不希望自己创造一个竞争者。

4.展示物品时,一定要举到一定高度,保证听众看得见。

5.一件能够感动听众的展示物比10件对听众来说毫无价值的展示物更有效果。因此,如果条件允许,最好先做个示范。

6.在演讲时不要把注意力全部放在展示物上,毕竟你的目的在于和听众交流,而不是和展示物交流。

7.使用完毕,以最快的速度把展示物放在听众看不见的地方。

8.如果展示物比较适合"隐蔽处理",不妨在演讲时,把它放在桌子边上,盖住它。演讲时,可以多提几次,引起观众的好奇心,但是不能告诉听众这到底是什么东西。当你展示出来时,听众的好奇心、猜想和兴趣才会爆发。

从演讲的效果出发,视觉材料的地位越来越重要。如果你并没有了然于胸,不妨把展示物展示给听众,这比语言表达的效果更好,应该是保证听众明白你所讲内容的最好办法。

林肯和威尔逊这两位美国总统都是语言大师。他们曾经说,清楚的表达能力必须经过锻炼和自我控制。林肯直言:"我们必须对清楚持有内心的疯狂。"他对诺克斯学院院长嘉利佛博士讲述过他年轻时培养这种"疯狂"的办法:

我记得小时候,只要我发现有人在用我无法理解的方式跟我说话,就会很不爽。一生之中,我最生气的就是这件事情。听不懂别人在说什么时，我就会变得暴躁，现在依然如此。我还记得，有一次邻居和父亲聊得很开心，他们聊了一晚上。我回到房间后，一直走来走去，直到深夜。我希望我能够明白他们说的内容。在我刚开始有这个习惯时，一般都到了快要睡觉的时间，但就是难以入眠，直到我想明白这些话的意思，直到我认为我可以让同龄的孩子们也明白这个道理。这就是一种疯狂，它一直伴随着我。

伍德罗·威尔逊也是一位伟大的总统，他的一些忠告正好可以作为本章的结束：

我的父亲十分聪慧，他给了我一生之中最好的锻炼。他不允许我滥竽充数。从我开始写字到他1903年81岁去世，我写给他的所有东西都一直随身携带。

他会让我大声朗读，这对我来说真的太痛苦了。他会随时喊停，跟我说："你这句话的意思是什么？"我会告诉他原因。这使得我需要一种比写出来更加简洁明确的表达方式。"那你为什么还要这样说呢？"他的训话并没有停止，"在瞄准自己的想法时，别用鸟枪，这样只会更加模糊，要使用来复枪，这样才会让听众更加清楚。"

演讲与口才

第3章　说服性演讲的办法

某次，几个男女发现他们正在通往一场风暴的道路上。当然，这里的风暴并非真正意义上的风暴，只是一种比喻。确切地说，这场风暴是因为一个叫作毛里斯·格伯莱的人。他们其中的一个人这样说：

我们都坐在芝加哥的一张午餐桌上，对于这个人我们早有耳闻，他是著名的演讲家。他演讲时，能够吸引每一位听众的目光。

他开始平静地讲话，他看起来像是一位温文尔雅的中年人，穿着整洁。他首先对我们的邀请表示感谢，紧接着，他说要说一件很严肃的事情，如果因此让我们感到困扰，他非常抱歉，希望我们能原谅他。

然后，他便像是一场龙卷风一样出来，身体向前，眼睛看着在座的每一位。虽然没有提高音量,但我们却听到了铜锣爆裂般的声音。

他说:"看看你的周围,大家都互相看看。你们知道吗?此刻,房间里坐着的这些人中,有多少人将会死于癌症?年龄超过55岁的人当中,每四个人中就会有一个人患上癌症,每四个人中就会有一个人患上癌症!"

他停顿了一下,但脸上依然光芒四射。"这是一个十分残忍的现实,但是这种现实并不会持续太久。"他说,"我们一定可以找到治疗癌症的办法,一定能够研究出癌症的发病原因。"

他看着我们,表情严肃,视线环绕桌子移动,他开口问道:"你们愿意一起努力吗?"

此刻,我们所有人的脑海中,除了"愿意"没有第二个想法。我想:"我愿意!"之后,我发现所有人的想法都和我一样。

毛里斯·格伯莱赢得我们认可用的时间不足一分钟。我们在座的每一位都被他带进了演讲中,我们都成了他的支持者,投身于让人类更加幸福的运动中。

不管在什么场景中,获得认同都是演讲者的目的之一。就像已经发生的事情一样,格伯莱先生让我们有如此回应的理由真的很充分:

他和兄弟纳逊出身草根,后来一起建立了连锁百货公司,年收入高达1亿多美元。在经历了长时间的奋斗后，他们赢得了奇迹般的胜利，但是纳逊却在短时间内因为癌症离世了。此后，毛里斯·格伯莱成立了格伯莱基金会，首次便向芝加哥大学癌症研究中心捐献了100万美元。在他退休之后，又花费了大量的时间提醒民众要站起来和癌症战斗到底。

在这些现实的基础上，毛里斯·格伯莱的个性得到了我们的认可。这种真诚、关怀、激情像烈焰一般的决心，他只用了几分钟便让我们了解了他，就像他一直为这个伟大的目标奋斗一样，这所有的一切都让我们认可他，对他感兴趣，愿意和他做朋友并被他感动。

一、表现真诚，获取信心

昆体良是公元1世纪罗马著名的演说家，他曾说演讲家都是"一个善于表达的好人"。他所说的好人指的是真心实意和个性。这本书中已经谈论过的和将要谈论的要点，没有一个比这个演讲方法更加高效。约翰·皮尔庞特·摩根曾说，获取听众认可的最佳方式就是个性，当然，这也是获得听众信心的最佳方式。

亚历山大·伍柯特曾说："一个人说话时如果态度真诚，他的声音也会被真实的光环笼罩，这种状态是虚伪的人模仿不出来的。"

如果我们希望说服他人，就需要拥有发自内心的真诚的自信，利用这种内在的力量宣传自我信仰。想要说服他人，我们必须先说服自己。

二、获得听众的认可

华特·狄尔·斯科特是前美国西北大学的校长,他曾说:"只要有新的观点、理念或者结论被提出,就会被当作真理,前提是没有相悖的理论提出。"这其实就是希望听众认可。哈瑞·奥佛斯特里特教授是我的好朋友,他在纽约社会研究中心演讲时,曾明确地说明了这种想法的心理因素:

如果演讲者懂得运用技巧,那么,在演讲开始时,他便会被听众认可。他会抓住这个机会让听众更加认可他。这就像是撞击游戏中的弹子运动,如果已经把它推到了一个方向,那么想要让它再换一个方向运动,就需要费点力气了;如果想要让它朝着相反的方向运动,则需要耗费更大的精力。

在此,心理转变是非常明确的。如果一个人说"不",且内心确实不认可时,他所做的就不是表面上的"不"。他身体的腺体、神经和肌肉都会武装起来,开始反对。一般来说,他会在身体上表现出细微的撤退,或者已经做好退下来的准备,甚至在某些情况下,这种表现会很明确。也就是说,人体的全部神经、肌肉都会处于备战状态,拒绝接受。相反的,如果一个人说"是",那他就不可能撤退。他的身体也会处于一种积极、包容、开放的状态。因此，如果一开始我们得到了认可，就很有可能会成功吸引听众的关注，让他们认可我们的观点。

得到听众认可的方式，非常简单，但却总不被人注意。在人们看来，如果一开始就站在对立面，似乎能够体现自身的重要性，所以激进派和保守派的人开会，不出三秒便一片混乱。实话说，这么做的价值在哪里呢？如果只是为了寻求刺激，还有些道理；如果是希望实现某个目标，那就太不明智了。

如果一开始，就允许学生、客户、孩子、丈夫或者妻子说"不"，然后再继续把这种持续增加的否定转化为认可，就需要非比寻常的聪明才智和耐力。

那么，我们怎样才能在一开始就赢得听众的认可呢？其实并不难。我们先来看看林肯所谓的技巧：

"我开始演讲并且保证自己成功的窍门，在于找一个能够得到大家认可的基本点。"比如，即便讨论的问题是锐利且完全对立的奴隶问题，他也能找到基本的共同点。《明镜》是一家中立的报纸，曾经报道过一场林肯的演讲，报道是这样写的："开始的30分钟，他的反对者几乎完全认可他的言论。然后，他抓住机会，带领他们前进，慢慢地，他们便到了他的目的地。"

演讲者和听众争论，只会让听众更加固执，他们会顽强设防，思想很难改变。这个事实很明确。声明"我要证明这样做到底明不明智"，是明智之举吗？在听众眼里，这很可能成为一种寻衅滋事的做法，他们会进行无声的反抗："咱们走着瞧！"

如果一开始你说的事情就能获得听众的认可，然后你再说一个听众愿意回答的问题，那么局势是否会有利呢？当然。紧接着，你可以带领听众探索问题的答案。在这一过程中，你需要在听众面前展现大量的事实，这样他们才会跟着你走，认同你的观点。这种让他们亲自探索事实的方式，更容易增加他们的自信心。"一场真正精彩的辩论，更像是一场解说。"

在多种争论中，不管观点有多大区别，问题有多尖锐，演讲者和听众之间总会存在一些共同点，使两者产生共鸣。比如，1960年2月3日，哈罗德·麦克米兰身为英国首相曾经向南非联邦国会的两院发表演讲。当时，南非当局实施的政策是种族隔离，但是他要做的是面对南非的立法团体，表明英国没有种族歧视的观点。他在演讲开始时是否要表明双方的不同呢？当然不是。他以南非经济成就和对世界的贡献开场，然后，才巧妙地提出了双方的不同点。但即便如此，他还是明确表示他知道导致不同的主要原因在于双方不同的信仰。这场演讲真是太精彩了，完全能够和林肯在苏姆特堡所进行的演讲相提并论，言语温和却充满力量。

麦克米兰首相说："作为英国的一位成员，我真心希望能够鼓励并支持南非，希望在座的每一位能够包容我的直率：在英国国土上，我们正在想办法让自由人也拥有政治前途，这是我们坚定不移的信仰。因此，我们认可并支持你们的同时，一定会违背自我信仰。在我看来，不管谁对谁错，我们都应当和朋友一样，承认这个事实，我们的分歧并没有消失。"

不管一个人和演讲者之间的观点有多大的不同，相信在听到这种说法后，也会相信演讲者是真诚的。

演讲与口才

如果麦克米兰首相开场就把重点放在彼此政策的区别上，而不是提出双方的共同点，那会导致怎样的后果呢？詹姆斯·哈维·鲁滨逊教授在让他获益匪浅的《思想的酝酿》一书中，从心理学的角度解释了这个问题：

在某些情况下，我们能够意识到我们的想法在心平气和中改变了。但是，如果有人说我们错了，那我们对这种责备就会十分厌恶，不管怎么说，我们都不可能认可对方。在信念形成的过程中，我们不会时刻准备着。但是如果有人和我们的信仰不同，我们一定会竭尽全力维护自己的信仰，几近疯狂。很明显，我们重视的并不是信仰本身，而是我们受到威胁的自尊……这个小"我"是人类最在意的，也是人类智慧的根源。不管它是我的晚餐、我的狗、我的家庭、我的信仰、我的国家、还是我的神，这种力量都没有区别。如果他人说我们的手表不准确，我们会感到厌恶，如果别人说我们的汽车太旧了，我们的理念错了，更会让我们感到厌烦。如被我们视为真理的火星运河论，某一个字的读音或者水杨酸的药效，萨尔恭王一世的年代等，只要有人说是有问题的，我们都难以接受。因为这是我们认为的真理，我们一直这么认为，一旦有人怀疑我们假设的正确性，我们一定会变得暴躁，并且寻找所有借口证明其正确性。这其实就是我们所说的"讲道理"，也就是找大量借口证明自己相信的东西是正确的，可以继续相信。

三、激情且充满感染力

当演讲者论述自我信仰时充满感情和感染力，听众很少会有相反的观点。我所说的"感染力"是激情的来源。它会把所有否定的和相悖的理论丢弃到一边。你的目的在于说服他人，所以请你牢记，最好的办法就是以情理动人。情绪蕴含的力量远远高于理智的思考。想要让听众调动起情绪，你必须先调动自己的情绪。即便一个人在演讲的过程中，能够使用华丽的辞藻，能够搜集大量的证据，能够发出和谐的声音，能够做出优雅的手势，如果没有真实的情感，那所有的一切都毫无意义。想要给听众留下深刻的印象，你必须有深刻的想象。你的精神会在双眼的衬托下更具魅力，会在你声音的作用下散发光芒，会在你的态度下更具个性，这样你和听众才能更好地交流沟通。

每一次演讲时，尤其是在发表说服性演讲时，听众的态度都和你的行为关系密切。如果你十分平淡，他们也会这样；如果你十分草率，且没有一点包容心，他们也会这样。亨利·沃德·毕彻尔这样写："如果听众精神萎靡，你只能做一件事，给服务员一根棍，让他刺激演讲者。"

某一次，我接受哥伦比亚大学的邀请成为"科蒂斯奖章"3位评审员中的一位。6位毕业生全力准备后，想要充分展现自我。但是他们当中5个人目的都很明确，那就是赢得奖章，所以他们根本没有想要说服听众，或者说这种想法只占很小的一部分。

他们选择演讲主题的判断标准是这些题目能否让他们乐此不疲地演讲。但是他们对自己选择的主题并没有兴趣，他们正常的演讲不过是为了练习表达艺术。

其中有一个人例外，这是来自非洲祖鲁族的王子。他选择的主题是"在现代文明中，非洲的贡献"。他所说的每一个字都充满了感情，他并没有像机器一样练习演讲，他演讲的目的在于自我信仰和自我感情，他在宣誓。他自认为可以代表本族人民，代表那片大陆。他用他的聪明才智、高尚人格和善意，表达着那里人民的愿望，并希望人们了解这些愿望。

从讲话的艺术方面来说，他的表现并不如其他两三位竞争者，但我们却一致认为奖章应该属于他。因为作为评审的我们看到了他的真诚，看到了真实的魅力。和这一点相比，其他的演讲都只能算作是煤气炉上微弱的火苗。

这位王子用他的方式学到了一点：在演讲中只有理智绝对不够，如果不展现自我个性，根本没有束缚力；你必须把你对自我信仰的真诚展现出来。

四、尊重听众

诺曼·文生特·皮尔博士在谈论专业戏剧家时常说："人类的天性离不开爱和尊敬。每个人都拥有内在的价值感、重要感和尊严感。如果你伤害了他，那你就失去了他。所以，当你爱一个人，尊重一个人时，你便成全他；而且，他也会一样爱你，尊重你。"

某一次，我和一位艺人一起表演。当时我和他并不熟，但是从那次之后，我从报纸杂志上看到他的名声在不断下降，几乎陷入了绝境。我想我知道这是为什么。

"当时，我坐在他身边，十分安静，等待演讲。他问我'你看起来并不紧张啊！'

"我回应说：'不是，只要我们站在听众面前，都会有紧张的感觉，我对听众充满敬意，这种责任会让我感到有些紧张，难道你不会吗？'

"他回答说：'没有，我为什么要紧张呢？他们不过是群白痴，我说什么，他们都会接受，一群伪君子。'

"我接着说：'我不认同，听众其实才是至高无上的裁判，才是上帝。对听众，我的内心充满了敬畏感。'"

当皮尔博士知道这个人的声誉受损时，他更加相信，就是因为这个人永远站在听众的对立面，他没有想到要赢得人心。

所以，如果我们想要让他人认可我们的观点，就一定要牢记这一点。

五、演讲时态度友善

既然人性中的自豪是必不可少的，且人很容易被激怒，那如果我们足够智慧，就应该学会利用并尊重这一点，而不是与之为敌。那么，我们该做些什么呢？不如就借鉴成功演讲者们的做法吧，告诉对方，我们的观点和他们相信的一些现实是非常像的，这样对方接受起来就会容易很多，更不会一味地拒绝我们。这样能够尽力避免他们产生完全对立的想法，有利于我们的演讲。

演讲与口才

第4章　即时演讲的办法

前不久，商界的一群领袖和政府官员一起出席一家制药公司新实验室的建成典礼。这个公司的研究处处长手下有6个人需要一个接一个地演讲，简单介绍他们的化学家和生物学家们正在从事的伟大工作。目前，他们正在研究抵抗传染性疾病的新疫苗、对抗过滤性病毒的新抗生素、缓解紧张情绪的新型镇静剂；他们准备先以动物为试验品，然后再对人体进行实验，实验结果十分满意。

一位官员告诉研究处处长："这真的太奇妙了，你的手下好像具有魔法。但是为什么你不亲自演讲呢？"

研究处处长有些失落地说："我只敢面对自己的脚说话，没有勇气面对听众。"

但是后来的大会主席让他大吃一惊。

这位主席说："研究处处长到现在也没有讲话，他不喜欢那些正式的演讲，那就请他随便跟我们说说吧！"

这真的是太尴尬了。处长站起来了,绞尽脑汁地说了几句话,他很抱歉没能详细说明,他就说了这么多。

他站在那里有些木讷,他在自己的专业领域是多么优秀啊,但是现在却和普通人一样迷茫,一样呆滞。其实事情本不该如此,他完全有机会学习即兴演讲。我还没有发现在我训练班的任何一位学员学不会这个技能。他们开始抱有的坚定而勇敢地战胜恐惧的态度是这位研究处处长没有的。他们也要花费大量时间,需要树立坚定的意志,不管多困难,都要勇敢地说出来。

你也许会说:"如果事先做了准备,并进行练习,或许困难就会小很多。但是突如其来的即兴演讲,真的会让我手足无措。"

在紧急情况下整理演讲思路并进行演讲,有时候会比经过长时间准备的演讲更加关键。现代商业需要这种即席演讲的能力,这也是由现代人口头交流的自由随意决定的。此时,我们需要快速组织思路,捋顺语言。很多对现在的工业和政府产生重大影响的决定,都不是一个人做出来的,而是在会议桌上拍案决定的。每个人都有发言权,但是在多人参与的会议中,他的演讲必须坚定有力,这样才能影响集体的决定。这就是即兴演讲意义重大和其威力不容小觑的原因。

一、多多练习

一个人只要有能力控制自己的智商,就一定能够发表让人认可的特别精彩的即兴演讲,也就是"毫不犹豫地表达"自己的想法。我们当然能够让你在突然被人邀请演讲时,流利地表达自己的观点。这样的办法其实很多种，部分著名的演员就曾使用过这种办法。

很多年前，《美国杂志》邀请道格拉斯·费尔班克发表了一篇文章，目的在于介绍一种智力游戏。两年的时间里，查理·卓别林、玛丽·皮克福和他基本每天晚上都会玩这类游戏。对他来说，这不仅是个游戏，还包含演讲技巧中难度最大的一种练习，即站着思考。费尔班克说，这个"游戏"的过程如下：

每个人需要在一张纸条上写一个题目，然后把纸折叠，打乱。然后让一个人去抽题目，抽到后需要马上站起来围绕这个主题演讲一分钟。同样的题目不可能重复使用。有一天晚上，我们要讨论"灯罩"。如果在你看来这个游戏很简单，那不妨尝试一下。幸运的是，我过关了。

很关键的一点在于，从玩这个游戏开始，我们所有人的反应都更快了，对于各种各样的题目，我们有了更进一步的了解。不过，更有价值的是，我们有能力在短时间内围绕任意一个主题整理自己现有的知识和想法，我们学会了站着思考。

我在训练班中，经常要求学员站起来即兴演讲。多年的讲演告诉我，这种练习能够达到两个效果：一是告诉学员们他们完全有能力站着思考；二是让学员们更加自信地进行有准备时间的演讲。他们很清楚，当他们进行有准备时间的演讲时，即便大脑突然放空，他们也具备即兴演讲的能力，能够逻辑清楚地表达自己的想法，直到绕回原本的主题。

因此，我经常告诉学员们："今天晚上，你们每个人都会收到不一样的演讲题目，你们需要围绕题目进行演讲，只有站起来之后你们才会得知演讲的内容。希望你们运气还不错！"

结果怎么样呢？会计师站起来之后发现需要演讲的题目竟然是怎样制作广告，广告销售员演讲的题目竟然是幼儿园；老师要演讲的题目是有关银行的业务，银行家要演讲的题目是和学校有关的教育工作；员工做演讲的题目是生产，生产专家要演讲的题目是运输问题。

他们是否因为困难重重半途而废了呢？不，这种状况从来没有发生过。他们并没有把自己摆在权威的地位上，而是深入思考题目，然后把这些题目和他们了解到的知识体系相结合。刚开始时，可能有人怀疑自己演讲的效果，但是最起码他们敢站起来，并且敢说话。可能有些人觉得这一点很简单，但是这对一些人来说却困难重重，但是他们并没有半途而废。他们发现结果远远超过了他们的预期，这个发现让他们很惊喜。他们发现自己竟然也具备这种能力，这是以前根本不敢相信的事情。

我相信他们可以做到，所有人都能做到，但是你需要有坚强的意志力，需要对自己有信心，不断尝试，你会发现这件事情会慢慢变得简单起来。

我们还有一个办法训练学员们站着说话，也就是即兴演讲的联结技巧。这在我们的训练班是一个特别兴奋的点。我告诉每个学员们，用他们脑海中最奇特的方式作为一个故事的开始。比如，有人或许会说："前两天，我正在驾驶直升机。突然，迎面飞来一群飞碟，我只能降落。但是距离最近的一个飞碟上竟然有

人攻击我，我……"

此时，铃声响了起来，这个人的演讲时间到了，故事由另一位学员接着往下讲。等到所有人讲完之后，我们会发现故事可能会在火星的运河边上结束，或许会在国会的大厅中结束。

这种办法对于锻炼即兴演讲十分有效。如果一个人经历过很多次这样的演讲，他一定有能力在商务场合或者社交场合发表演讲，并且能够淡定从容地应对各种突发状况。

二、从心理上随时准备即兴演讲

当你在没有任何准备的情况下被邀请进行演讲，一般人们是希望你就你熟悉的专业领域发表观点。因此你现在的问题在于，要有勇气处理这种事情，并且在短短几分钟之内想好你要说的主题。想要在这一点上有所成就，最好的办法就是，在心理上随时准备。开会时，可以想一下，如果被邀请站起来说话，你要说哪些内容？这个场合最适合说些什么？对于你要说的这个题目，你需要怎样组织语言表达你的认可或者反对。

因此，我想告诉你的第一点就是不管在什么时候，都做好即兴演讲的心理准备。

你需要认真思考这一点。这个世界上，最艰难的事情就是思考。但是我相信，没有谁能够赢得"即兴演讲家"的美誉，没有人在不准备的情况下能够做一场完美的演讲。他必须像飞行员一样，不断问自己可能遇到哪些状况，只有这样，才能保持冷静，面对未知的状况尽量做出正确的反应。一位受到世人关注的即兴演讲家，一定经历过很多次演讲，只有这样，才有可能让自己进入状态。实际上，这样的演讲根本不是真正意义上的"即兴演讲"，而是在常态下就已经准备了的演讲。

既然已经知道了演讲的题目，那么随后的问题便是这些材料要怎么组织，才能保证时间不出问题，和场合相符。一般来说，即兴演讲的时间不需要太长，所以要做的第一件事就是选择一个适合这个场合的演讲题目。你不需要为自己没有准备而感到抱歉，这一点所有人都知道。因此，你要开门见山，点明主题。如果你还没有这种能力，不妨听一听我的建议。

三、马上举例说明

这么做的原因有三个：

首先，你需要思考下一句话需要讲些什么才能帮助你摆脱目前的困境，因为即便是即兴演讲也很容易复述经验；

其次，你可以慢慢调整状态，刚开始的紧张情绪会减少，这样你才有机会让自己的主题成熟起来；

最后，你可以马上让听众集中注意力，就像这一篇的第一章说的那样，列举案例一定会抓住听众的注意力。

听众集中精力听你说那些充满人性的故事，当你需要他们时，他们一定会认可你，尤其是在刚刚开始演讲的几分钟内。交流是双向的，擅长抓住他人注意力的人很容易就会发现这一点。当他意识到听众已经认可他的观点了，就会和听众之间形成和电流一样的交流，他能够感受到挑战，尽力回应你。演讲者和听众之间的关系和睦，是所有演讲成功的重要一点，如果没有形成这种关系，那么真正意义上的沟通根本就不存在。这也正是我不断建议大家用案例开始演讲的原因，尤其是当他人邀请你讲话的时候，这一点尤为关键。

四、保证精力充沛

我不止一次地说过，如果你在演讲的时候比较积极，那么你向上的能量就会对你的心理产生非常积极的影响。你可曾注意过，在交谈的人群中，如果有人突然指指点点地讲起来，他很快就会侃侃而谈，有时十分精彩，甚至还会引来热情的听众。身体的运动和心理的活动是密不可分的。我经常用同样的词语描述人体的手部和心理的活动。例如，我们经常会说"我们牢牢抓住了一个概念"，或者"我们已经对某个思想了如指掌了"。就像威廉·詹姆斯教授说的一样，一旦身体充满了正能量，更加阳光积极，那么我们的心理活动也会快速展开。因此，我要告诉你，在演讲中如果能够达到忘我的状态，你离成为一名成功的即兴演讲家就不远了。

五、从现在开始

我们经常会看到一个场景，一个人拍了拍你的肩膀说："说两句？"在此之前，完全没有发出任何信号，当你正在听大会主持人讲话时，你竟然成了他谈话的内容，所以每个人都把目光投向你。你还不知道什么情况，大会主持人就说你是下一位演讲者。

在这一场景中,你很容易自乱阵脚,如同斯蒂芬·里柯克所写的那位知名而困惑的马术师,上马后"四处乱窜"。如果说在某些状况下,你需要冷静思考,那么,这算是其中一个吧!你可以先对主持人致谢,思考一下。接着,你可以说一些和这次大会联系紧密的话题,因为听众感兴趣的事情只是自己正在进行的事情。你可以从下面三个方面选择题材即兴演讲:

　　一是听众。如果希望演讲能够轻松地继续,一定要牢记这一点。当你讨论你的听众时,说说这里有什么人,在做什么,尤其是这些人对社会,对人类的贡献等。当然,你需要列举一个具体的案例。

　　二是场景。当然,说说这次集会的原因也不错,比如这是一个周年的纪念日,或者这是一个表彰大会,一个年度聚会,或者是一个政治性的或者以爱国主义为主题的聚会。

　　最后,如果之前的演讲你认真听了,那不妨说说这些已经演讲过的观点,表明你对这个想法很有兴趣,也可以把这个观点再说一遍。

　　最成功的即兴演讲,全都是真正的即兴演讲。他们所说的,都是演讲者对听众和场景发自内心的看法,完全符合这一场景和这里的听众,就像是手和手套的关系一样。这种演讲一般都是为这种场合量身打造的,它们在某个特别的时间,如同昙花一样绚丽绽放,但很快就枯萎了。但是,听众感受到的快乐并没有结束,在你还未考虑时,早已成为了他们眼中的即兴演讲家。

六、不要随性演讲——要随性聊天

　　这两句话并不相同。如果只是说一些无关痛痒的话,用没有逻

辑的方式把这些没有价值的事情堆在一起，根本不可能。你需要围绕一个主题，整理归纳你的想法。这个主题就是你要说明的，你列举的案例都要以这个主题为中心。此外，我还需要再强调一点，如果你能够对你的演讲付出真心，你一定能够在演讲中保持积极的态度，效果会更好，即便是精心准备的演讲也未必有这样的效果。

记住这一章中提到的建议，你完全可以在即兴演讲方面游刃有余。此外，你还需要按照这一章所说的课堂技巧，多加练习。

参加聚会时，应适当做些准备，随时准备好被人邀请上台演讲。如果你觉得自己有可能面对这种状况，那你最好先注意其他演讲者。想办法用简练的语言表达自己的观点，时间到了，就简单总结观点。只要提前想好主题，在此刻简明扼要地表达出来即可。

诺曼·贝尔格德是著名的建筑师，他经常说，如果不站起来，根本不可能表达自己的观点。当他面对同事讲述某一建筑或者展览计划时，一定会在办公室里走来走去，这样才能说明白。他要学的是怎样坐着说话。最终，他成功了。

对于很多人来说，情况刚好相反，我们需要学会怎样站着说话。当然，我们也可以成功，只是我们需要一个开始，比如做一次简单的演讲，然后再进行下一步，一个又一个的下一步。

只要坚持下去，你就会发现，情况越来越简单，演讲越来越轻松。最后，我们终于懂了，面对众人即兴演讲，其实就像在自家客厅和朋友聊天，只不过范围扩大了。

· 第四篇 ·
当众演讲的交流技巧

这一部分的主题是演讲。此外,就像这本书第一章中说的那样,压力是以成功表达为基础的。

表达也就是把握精确,希望能够和听众共享信息。

只有做到了这一点,演讲才可能会更加流畅。

演讲与口才

第1章　进行演讲的办法

刚刚教授当着众人演讲时，我用了很多时间训练发声，目的是引起共鸣、提高音量、增大婉转的活力。不过前不久，我意识到，训练学员正确发音，发出"圆润"的声音，是一个巨大的失误。对他们而言，如果利用三四年的时间能够提高演讲发音技巧，当然很好，但是我发现，我的学员发声只能凭借他们天生的发音系统。我意识到，如果我不花费大量时间教学员们"运气"，而是花大量时间训练他们更重要的东西，比如教他们缓解紧张压抑的情绪，或许效果会更好，更让人震惊。我能拥有如此聪明才智，必须对上帝表达万分的谢意。

一、打破自我约束

想要在听众面前做到轻松自在很难。演员对这一点十分清楚，如果你是一个只有4岁的孩子，也许可以很自然地站在讲台上对听众演讲。但是如果你已经24岁或者44岁了，当你站上讲台时，会怎么样呢？你还会像4岁孩子一样单纯无邪吗？也许会，但这会使你变得辗转、木讷、呆滞、虚假、机械，如同乌龟一般躲进坚硬的壳子里。

教他们演讲的重点不是要发现他们的特长，而是打消他们的顾虑，让他们练就即便有人干扰，也能表现自然的本领。

他们的演讲，很多次都被我强行打断，我要求他们"说人话"。很多个夜晚，我辗转难眠，不停思索怎样才能让学员们说话更加自然。请相信我，这件事并没有看起来那么容易。

某次演讲课上，我希望学员们训练对话表演，部分学员使用的是方言。我希望他们能够放下内心的担忧，投入到剧情中。此时，他们十分震惊，他们就像白痴一样在那里尽情表演，但他们对此完全不自知。对于一些学员的表演能力，大家十分敬佩。我提出建议，只要在众人面前你能够自然放松，那么面对任何人或者群众演讲，你都不会紧张了。

忽然有一种十分轻松的感觉，就像是鸟儿从牢笼中飞出。你知道为什么很多人喜欢去影院或者剧院吗？因为他们在那里能够体会到演员们不被拘束的表演，他们能够流露出内心最真实的感受。

二、切勿有意效仿他人，保持个性

对于那些熟练掌握演讲技巧的演讲家们，我们都十分敬佩，他们能够勇敢地表达内心的观点，用一些个性独特、想象力丰富的方式展现内心的想法。

演讲与口才

"一战"结束不久后,我在伦敦碰到了两个兄弟,他们分别是罗斯爵士和基思·史密斯爵士。他们刚刚结束了一段旅行,这段从伦敦前往澳大利亚的旅行是他们这辈子第一次飞行,澳大利亚政府奖励给他们5万美元。他们在英国引起了巨大的反响,得到了英国国王的授勋。

赫尔利上尉是知名的风景摄影师,在这兄弟俩人的旅途中,他一直陪伴着,还拍了很多动作照片,因此我帮他们准备了一场飞行游讲座,其中带有很多插图,我教导他们如何表达。他们在伦敦交响乐大厅中进行了为期4个月的演讲,每天演讲两场,下午一场,晚上一场,每人演讲一场。

他们的经历很像,并且一起飞了大半个世界。他们的演讲内容很像,几乎没有区别。但是,听起来却存在很多不同点。

演讲的过程中除了要看他们的用词之外,还需要关注他们演讲的风格、内容是什么,怎样表达这些内容是两个完全不同的概念。

某次,俄罗斯大画家布鲁洛夫批改学生的作业。那个学生看着被批改之后的绘画作品,激动地说:"虽然你只做了细小的改动,但是效果却大不一样,这是为什么呢?"布鲁洛夫告诉学生:"艺术本就是细节的差别。"演讲和绘画以及巴德列夫斯基的演奏是一个道理,其区别都表现在很细小的地方。

在遣词用句上也是这样,英国国会中的一句话说:"演讲时,演讲的方式决定了成功或者失败,内容并非决定性因素。"这句话是昆体良在很久以前说的,那时的英国还是罗马的一个遥远的殖民地。

福特制造商曾说:"每一辆福特汽车都很像。""但是没有两个完全一样的人。所有的生命都是阳光下绽放的新生命,前无古人,后无来者。年轻人有主见,探寻生命的意义,让自己具有个性,形成自身的价值观。社会和学校需要做的是不断纠正他们不好的习惯。他们更愿意用同一种模式判断所有人,但是在我看来,有个性的年轻人需要存在。因为只有个性才能证明你的重要。"

上面这些建议有助于成功演讲。你在这个世界上是独一无二的。上亿个人都有两只眼睛、一个鼻子、一张嘴,但是却没有一个人能和你一模一样,和你的特点、思维方式丝毫不差。也没有人能够拥有像你自然演讲时的表达方式。换言之,你是绝无仅有的。身为一位演讲者,这就是你的优点,你需要坚持下去,珍惜这种独一无二,并将其发扬光大,这就是你的优越性,它会让你的演讲更具有魅力,也更加真实。"这是唯一能够证明你重要的事实。"我希望你们,不要把自己变成同一种模样,这样你们就会丧失个性。

三、和听众聊天

先讲一个能够体现大部分典型聊天风格的案例。

我以前去瑞士阿尔卑斯山的缪伦度假,这是一个避暑胜地。我居住的旅店是伦敦的公司开的。他们每个星期都会从英格兰派一批演讲者前往那里面对游客演讲。其中有一位演讲家是英国知

名小说家。其演讲的主题是《小说的未来》。她直言,选择这个题目并非其本意,所以她对此没什么好说的,她甚至怀疑这次演讲有什么意义。因此,她只是简单列举了几个毫无价值的关键问题。面对听众,她几乎不敢和他们的视线有交集,想要完全忽略他们。有时候她会越过观众的视线,目视前方;有时候她会专注于自己的笔记;有时候她会注视地板。她念的每一个字都是机械的,目光没有焦点,声音若隐若现。

与其说那是一场演讲,不是说她在跟自己说话,我们感受不到任何交流。演讲者想要成功,最重要的一点便是交流。演讲者必须让听众体会到,演讲者从心里发出的信号正在传递到他们心里。我刚才提及的那个演讲者也许在戈壁滩上演讲更合适。实际上,这种演讲面对的更像是一片荒无人烟的沙漠,而非活生生的人。

不管是面对商务会议中的十几个人,还是帐篷中的上千个人,只要有一个现代社会的听众存在,他们都更愿意听一些类似于直接聊天的演讲,希望演讲的风格能够像两个人在聊天,这样更加轻松自在。形式可以相同,只需要把音量提高即可。为了看起来更加自然,他需要花费更多精力,因为他面对的是40个听众,而不是1个人。这就像是建筑物顶端的一座雕像,只有表现出英雄的伟岸,下面的参观者才能感受到真实。

马克·吐温曾经在内华达州的一个矿厂进行过一次演讲。演讲结束后,一位老矿工走了过来,说:"你平时演讲的时候也是这种风格吗?"

听众希望的就是"你日常的风格",但比平时再强烈一点。

想要提升这种自然的亲密感,只能不断训练。在训练的过程中,如果你感受到了一丝演讲的虚伪,就马上停止,告诉自己:"这里有些问题,究竟哪里不对呢?要保持冷静,要表现人性!"然后,你可以想象着自己面对听众中的一个人,这个人也许是最后一排的某位听众,也许是一个注意力不集中的听众,你需要和他交流。此时,你可以暂时忘记周围的人,只和你选择的这位听众聊天。想象他在问你问题,你在回答他的问题,只有你能回答。假设他表明观点,但你并不支持。在这个过程中,你的演讲很快就会像一次交流,更加自然,更加直接,这个办法十分有效,基本没有例外。因此,你可以想象那一刻的场景。

你可以真的提出几个问题,然后回答问题。比如,在演讲时,你可以说:"你们可能会问我,有什么证据这样说?当然,我是有证据的,且证据充分,证据就是……"然后接着提问。这件事情完全可以十分自然地做,它能够化解个人演讲的无趣,使演讲更加直接、更加愉快,更方便交流。

在商会上演讲,就像是面对一位故友谈天说地。商会是什么呢?不就是故友的聚会吗?和一个朋友有效交流的办法,同样适用于和一群朋友交流。

前面讲述了一位小说家发表演讲时的状况。之后,就在她演讲过的地方,我们听到了奥利弗·洛奇爵士的演讲,十分精彩,让我们倍感愉悦。他演讲的题目是《原子和世界》。这半个多世纪来,他一直都在调查、研究、思考这个题目。很多东西已经与他的心灵、思想和生命融为了整体,他很想把这些东西表达出来。他根本不记得自己正在演讲。他根本不需要担心没什么可说的。他想把和原子有关的一切告诉所有人,他的演讲十分恰当,条理清楚,感情充沛。他希望我们能够看到他看到的东西,体会到他体会过的东西。

结果怎么样呢?毫无例外,这成了一场独特的演讲。这次的演讲魅力十足,激情跌宕,让人印象深刻。这是一位十分卓越的演讲家。但是,我相信他未必知道这一点。我可以确信一点,那些听过他演讲的人,恐怕没有人把他当成一位"大众演讲家"。

如果你在公众面前做过一次演讲,听众认为你受过专业培训,那你会让老师颜面尽失,尤其是我们培训班现在的老师。老师对你的要求是在演讲时尽力保持自然状态,让听众看不出你的"专业培训"。一扇窗户也许并不引人注目,但阳光会透过窗户照射进来。一位卓越的演讲家也应该如此。他需要尽力放松,让听众根本感受不到他在演讲,因为人们把所有的注意力全部放在了内容上。

四、全心全意进行演讲

真心、激情和热爱也会对你的演讲有很大帮助。一个人在情感的作用下,真实的自我就会表现出来,所有的困境都会迎刃而解。他的热情会解决所有困难。他的行为十分自然,演讲也很正常。这是他完全没有想到的。

因此,即便最终说的是演讲的内容,但我们还是回到这本书中不断强调的一点,那就是忘我地投入演讲。

布朗校长曾在耶鲁大学的神学院中发表过演讲,他说:"有件事让我终生难忘,我的一位好友告诉我他在伦敦参加一次教堂仪式。乔治·麦克唐纳是传教士,他朗诵了经文《希伯来人书》第11章。在布道时,他说:'想必大家都知道信徒的事迹,我不想跟你们说信仰为何物。因为神学教授比我的说法更加清晰。我现在的任务是让你们选择相信。'之后,他用十分简单、真诚、庄严的形式,表达了对那些看不见但却一直存在的事物的信任,以此让全场的听众都发自内心地信任它们。他忘我地投入演讲,效果甚佳,因为他在演讲中让我们看到了生命绚丽的光芒。"

他的秘密无非是"用心演讲"。但是,这种建议不会得到人们的青睐,因为这听起来太概括,太不清楚了。人们都希望能够有简便的办法,有具体的措施,能够看得到,就像是导航一样准确。

所有人都想要的东西,也是我想提供的东西。这对他来说不难,对我来说也不难。这种办法当然有,但是我也必须承认它的缺陷:它们没有任何价值。这些办法会让演讲变得僵硬,变得没有人情味,使其失去演讲的精髓。这一点再清楚不过了。我曾在青年时期耗费大量时间寻找这种办法。但是在这本书里,我不会提到它们。乔希·比林斯在回想人生中最绚丽的时刻时曾说:"如果你知道的东西很多,但却都是一些无用的东西,那也没什么价值。"

埃德蒙·伯克写出来的演讲稿,不论在逻辑思维、推理组织还是语言安排上水平都很高，即便今天，这些稿件也是本土大学演讲的范本，值得人们学习。但是，伯克演讲家的身份却没有得到人们的认可，他无法完美展现自己的演讲稿，无法给予它生命和美丽，因此，人们称他为下议院的"晚钟"。当他起立讲话时，很多人会开始咳嗽，拖着脚步走动，睡觉或者慢慢离开。

你或许可以把一枚钢甲子弹扔向某个人，但却不在他的衣服上留下痕迹。但是和蜡烛一起丢出去的香粉，却能够透过松木板。对此，我表示遗憾，因为那些毫无激情可言的钢铁般的演讲比不上含有香粉的蜡烛般的演讲，后者更能让人印象深刻。

五、通过练习增强声音的力量和弹性

当我们和听众之间产生真正的沟通时，我们需要最大程度利用语言和动作等要素。我们可以耸肩，可以动胳膊，皱眉头，提高声音，变换音调，根据场合和主题调整语速。但是有一点要记住，这一切都只是效果，并非动力。音调的变换或者调解，很大程度上和我们的思想和情绪有关。这也就是我一直强调在演讲开始之前一定要充分了解标题，并对其充满热情的原因，这同样也是我们渴望与听众谈论这一话题的原因。

年龄渐渐增大，在大多数人身上，我们已经看不到年轻时的自然和坦率，我们有了肢体和语言表达的固定状态。我们渐渐意识到我们的手势少了很多，没有活力。说话时也很少带有感情，几乎没有激情。总之，我们已经没有了交流的新奇和动机，我们也许已经习惯了快速说话或者慢慢说话，只有经过认真审查，我们的语言才会条理清楚。在这本书中，我要告诉大家的是，表达一定要自然。或许你认为，我会因为这个原因对那些语言贫乏或者无聊的演讲容忍度增高。但现实恰恰相反，我想说的是我们在表达思想时应当保有自然的状态，表达中要流露出感情。此外，所有卓越的演讲家都表示自己需要不断丰富词汇，语言表达方式，使表达方式更加多样，增强表达的力量。每一个对自己有高要求的人都会不断努力，让自己更加完美。

我们能够通过音量、变化和语速衡量自己。最简单的方式便是拿一台录音机。此外，也可以找一个朋友帮忙，这种办法很有效。如果有专家指点，一切就完美了。但是，你需要牢记，这是在没有群众的情况下，如果面对群众，你满脑子想的还是技巧，那么你的演讲一定会糟糕透顶。只要站在演讲台上，你就需要和演讲融为一体，把所有的注意力全部放在听众上，致力于从精神和情感上刺激他们，这样你的演讲才会更有力量。

演讲与口才

第2章 使语言表达更完美

一个人如果想要提升说话的能力，当然希望能够获得高效的办法。但是，这个想法现实吗？有这样高效的办法吗？答案是肯定的，只要按照下面的建议做，你就会达到你想要的结果。

一、博览群书，吸取精髓

英国有一个小伙子，失业了，没有钱，他在费城的街道上晃悠，希望能够找到一份工作。他走进了保罗·吉彭斯的办公室，提出希望见到吉彭斯先生本人。

吉彭斯先生对窗外的这个陌生人充满了怀疑，这个人衣着破旧不堪，衣服的袖口都已经发亮了，全身还有股酸臭的气味。但在好奇心和同情心的驱使下，他答应了见面。

吉彭斯先生本来只想给他几秒钟的时间，但时间从几秒到几分，从几分到一个小时，谈话还没有终止。

谈话结束之后，吉彭斯先生打电话给罗兰·泰勒先生，这是费城的另一位富豪，是狄龙出版公司的经理，他希望此人和这个陌生人一起吃饭，并为小伙子找一份不错的工作。

这个看起来如此不堪的小伙子，为什么能够在这么短的时间内对两位举足轻重的人物产生影响呢？

其实，秘密就在他的语言表达方式上。这位小伙子毕业于英国牛津大学，来美国的目的是处理一些商业事务。但是，他没有做好这件事情，所以陷入了困境，有家不能回。他没有钱，也没有朋友，但是作为母语的英语却成了他的宝物，他可以准确无误十分得体地使用英语，听他说话的人很快就会忘记他肮脏的皮鞋，破旧的衣服和毫无形象可言的面容。换句话说，他的语言可以帮助他进入美国最高的商界。

这个人的故事听起来有些匪夷所思，但是他告诉我们一个亘古不变的真理：我们的言谈举止和语言表达能力是他人判断我们的重要根据。我们的语言能够体现我们的修养，它证明了我们的教育和文化知识水平，足以让他人判断我们的背景。

我们与世界沟通的方式有4种，这4种方式也正是他人判断我们的依据，然后以此对我们划分类别。这4件事情就是：

我们在做什么？

我们看起来怎么样？

我们说了什么？

我们是怎么说的？

但是，很多人迷迷糊糊地度过了一生，在从学校毕业之后就

放弃了增加词汇量,放弃了了解各种词语的意思,无法清晰地表达自身的想法。他们早已习惯了使用一些没有价值的词汇,他的交流方式当然不会清晰明确,更别说个性了,他们在发音和文法上出现错误可以说是家常便饭。

我还听过很多从大学毕业的学生,张口闭口的口头禅都是市井流氓之语。你可以想象,大学生都逃不开这种错误,那些没有接受过教育的人怎么可能会表现得更好呢?我们对此就不应该有什么希望。

多年前的某个下午,我在参观罗马古竞技场,站在那里感慨万千。此时,向我走来一位陌生人。此人是一位游客,来自英国殖民地。他自我介绍之后,开始跟我说起了他在这座"永恒之城"的旅行经历。但是他只说了3分钟左右,我就听到"You was""I done"等错误百出的话。

从他的衣着上,我能够看到他早上出门时,特意把皮鞋擦亮了,衣服干净整洁。或许他是希望通过这种方式保护他的自尊,但他却忘记了对语言的修饰,竟然说出那些话。他和女人讲话时,如果没有把帽子摘下来,会感到羞愧;但当他文法频频出错时,却毫无察觉。他甚至从未思考过他对他人耳朵的不敬。他说的话让他的无知彻底暴露在了阳光下,他的英语水平真的太差了,他似乎在告诉整个世界他是一个修养很差的人。

哈佛大学曾经的校长艾略特博士曾在这个职位上工作了30多年,他一直说:"在我看来,无论是淑女还是绅士,都需要完成母语这门必修课,能够准确高雅地使用母语。"这句话十分深奥，值得每个人玩味。

我们如何与母语保持亲密的关系呢？如何用母语准确高雅地表达自我呢？其实，方法很简单，也很明确，这是一个众所周知的秘密，从这一点上讲，我们是幸运的。林肯曾经使用过这个办法，收效甚佳，到现在为止，还没有一个美国人能像他一样使语言具有如此大的魅力，从他嘴里说出的语言带有音乐般的节奏感，魅力无穷，如："怨恨无人，博爱众生。"

林肯的父亲是一个十分懒惰的文盲，一直是一位木匠，母亲也是一个普通人，但他却对语言有如此强的掌控力，这难道是上天的恩赐吗？我们没有找到任何能够证明这一点的证据。在他成为国会议员之后，官方记录中描述林肯受教育的词语只有一个："不完全。"

林肯一生受学校教育的时间不超过一年。那么，谁是他的老师呢？林肯当时居住的地区没有固定学校，巡回教学的小学老师总是从一个屯垦区到另一个屯垦区，只要拓荒者愿意付出火腿和玉米，他们就会在这里教那些拓荒者的孩子们学习认字。这些流动的教师们正是林肯的启蒙老师。

林肯生活的环境并没有对他产生太大的帮助。他在伊利诺伊州第八司法区认识的那些农夫、商人和诉讼当事人中并没有拥有特殊语言天赋的人。但是林肯并没有像他们一样虚度年华。他和很多聪明伶俐的人成了好友，如每个时代的知名歌手、诗人等，这到底是什么情况呢？

他对伯恩斯、拜伦、布朗宁的诗集倒背如流，他甚至评论过伯恩斯的文章。在他的办公室中，经常放着一本拜伦的诗集，家里也是如此。放在办公室的那本他经常看，只要拿起来，就会自动翻至《唐璜》那页。

成为美国总统后，内战消耗了他大量的精力，他脸上的皱纹越来越明显，但他只要有时间，就会翻看英国诗人胡德的诗集。有时候半夜醒来，也会拿起诗集翻阅，如果看到了让他深有感触或者让人兴奋不已的诗集，他会马上起床，身着拖鞋睡衣，悄悄地把诗读给秘书听。

林肯还是莎士比亚的读者，对莎士比亚的著作也是熟读成诵，经常批评一些演员对莎翁剧作的看法，并发表自己的观点。他曾给莎剧著名的演员哈吉特写信说："我拜读过莎士比亚的剧本，如《李尔王》《理查三世》《亨利八世》《哈姆雷特》，我认为写得最好的是《麦克白》，真的太精彩了！"

林肯酷爱诗歌。他不只是私下朗诵诗歌，在很多公开场合中也朗诵诗歌，甚至还试图创作诗歌。他在妹妹的婚礼上就曾朗诵过一首自己的长诗作品。中年之后，林肯的作品在笔记簿上写满了——虽然他没有创作信心，甚至不允许他最好的朋友翻看。

鲁滨逊教授的著作《林肯的文学修养》中曾写："林肯自学成就了自我，用货真价实的文化素材包装他的思想，绝对是个天才。他的成功像极了艾默顿教授所说的文艺复兴运动的领袖之一——伊拉斯莫斯：从学校毕业之后，就一直坚持一种教育方法自学，直到获取成功。这种教育办法就是不断研究学习。"

林肯作为拓荒者的后代，青年时期经常在印第安纳州鸽子河畔的农场中剥玉米、杀猪，他的收入每天只有31美分，十分可怜，但是之后，他却成功地在盖茨堡发表了史无前例的精彩演讲。参加盖茨堡战役的有10万人，阵亡的有7000人。林肯去世后不久，著名的演讲家索姆纳曾说："这次战役会在人们的记忆中淡化，但是林肯的演讲却会在人们的脑海中留下深刻的印象。如果人们再次想起了这次战役，一定是因为林肯的演讲重新浮现在了他们眼前。"

每个人都承认这句话。

艾维莱特是著名的政治家，他在盖茨堡一口气说了两个小时，但是人们却记不清他的演讲了，林肯虽然只说了两分钟，但他的演讲却深深地印在了人们的脑海中。当时的一位摄影师想拍摄林肯演讲的场景，但他还没有时间架好照相机，没有时间调准焦距，林肯就演讲完了。

林肯在盖茨堡发表的演讲，被刻在了一块铜板上，永远流传，现在就放在牛津大学的图书馆中，这是英语文学的代表作，所有学习演讲的人都应该将这篇演讲熟读成诵：

87年前，一个新的国家在这片土地上诞生，这正是我们的先人创建的，这个国家孕育了自由，充满了人人平等的信念。现在，我们正在发动内战，这是一场伟大的战役。我们在做实验，我们想知道这个国家或者说所有拥有这种信念的国家能否长期存在。我们在这片伟大的战场上相聚，这场伟大的战役即将打响。我们让那些为国牺牲的将士们在这片土地的某个地方安息,这是完全正确的做法。从更广阔的意义上讲,我们不能供养这片土地,因为我们无法让它变得神圣,无法让它保有尊严。那些还生存着的,已经去世的,曾经在这片土地上英勇奋战的人们早已赋予了这片土地更加神圣的意义,对于这一点我们无能为力。世界上的人们不会关注我们此刻的讲话,更不会永远记住这段讲话,但是这些人在这里做的事情将永远被铭记。相反,我们活着的人需要为那些英勇牺牲的人没有完成的事业继续奋斗。他们的牺牲,更进一步坚定了我们为这项伟大的事业献身的决心。在此,我坚决表示,我不会让他们白白牺牲;我会让上帝保佑这个国家重生,重获自由,让民有、民治、民享的政府在这个地球上永远存在。

大多数人都认为,是林肯创造了这篇演讲稿的不朽结尾,但事实真的如此吗?林肯做律师时的同事科恩登在盖茨堡演讲发表的前几年,就曾经送给他一本书,名为《巴克尔演讲全集》。林肯阅读了这本书后,将书中的话牢记于心,书中这样说:"民主,是指直接自治,是全民管理,也就是,所有的权利都是人民的,应当由人民共同分享。"巴克尔的这句话其实受到了韦伯斯特的影响,因为韦氏有一次给海尼复函时这样写:"民主政府是为了人们建立的,人民是它的组成者,它应当对人民负责。"而韦伯斯特的这一言论可能受到了门罗总统的影响,因为在此30年前，门罗就已经表达过这种想法了。

书籍，就是成功的秘密武器。

如果需要扩大词汇量，就要不断让自己接受文学的洗涤。约翰·布莱特曾说："每当我去图书馆时，就会有种悲哀感：生命有限，这么多书籍，我实在无福消受。"布莱特15岁就不在学校了，他在一家棉花工厂工作，之后再也没有上过学。但是，他最终却成了那时最著名的演讲家，十分擅长使用英语。他从未放弃过阅读、研究、做笔记，一直在背诵名师大家的长诗，如拜伦、密尔顿、华兹华斯、惠特尔、莎士比亚、雪莱等。每一天，他都会读一遍《失乐园》，以此丰富其词汇量和文学资料。

英国的演讲家福克斯也曾一直高声朗读莎士比亚的作品，想以此改变风格。格雷斯顿称书房为"和平庙堂"，这里珍藏了15000册书籍，他表示阅读圣·奥古斯丁、巴特勒主教、但丁、亚里士多德和荷马等人的著作使他获益匪浅。他最钟爱荷马史诗《伊里亚特》和《奥德赛》，所以，他为《荷马史诗》写过6本评论，重点在于评论它的时代背景和著作。

皮特是英国著名的政治家、演讲家，他年轻时经常阅读一两页希腊文或者拉丁文的著作，然后再把这些作品翻译成英文。就这样每天坚持下去，坚持了十年之久，最终他具备了超凡的能力，他能够在不准备的情况下，把思想转变成简练的语言，并将这些语言巧妙地组合起来。

狄摩西尼斯是古希腊著名的演讲家、政治家，他曾8次抄写历史学家修昔底德斯的历史著作，他渴望学会这位历史学家著作中那些高雅动人的语句。最终，两千年之后的威尔逊总统想要改变其演讲风格时，花费了大量时间研究狄摩西尼斯的著作。

BIS在英文中一直被认为是最受人们欢迎的姓名缩写，因为这是知名作家史蒂文森的创作，他绝对称得上是"作家中的作家"。他是怎么得到这么多人青睐的呢？我很幸运地从他那里知道了这个故事：

他说："我在读书时，只要读到那些让我倍感愉悦的书或者文章，就会马上保持安静，然后效仿这些文章的特点。这本书或者这篇文章在叙述这件事情时，或许十分精巧，或者提出了一种印象，或者蕴含着一些随处可见的力量，或者在风格上让人感到开心。当我首次模仿时几乎没有成功过，我会不断尝试。经常多次失败，但即便失败了，我也得到了练习的机会。

"我曾经用这种方式效仿过海斯利特、兰姆、华兹华斯、布朗爵士、狄福·霍桑及蒙田，不管你喜欢还是不喜欢，这就是学习写作的办法。不管我是否从中获利，这就是我的办法。诗人济慈对于这一点也十分赞同。在英国文学史上，济慈是最优秀的诗人。

"对我来说，这种效仿方式最重要的就在于：你效仿的对象总有你无法照搬的特点。那就试试看，我想你一定不会成功。但是，没有失败又怎么会有成功呢？这句话确实十分准确。"

上面列举了大量成功人士的案例，这个秘诀已经众所周知了。林肯曾经写信给一位渴望获得成功的年轻律师说："成功的办法就是钻进书本中，仔细研究。探求，探求，探求，这是最重要的一点。"

二、培养读书的习惯

你可以先读一读《如何充分利用一天24小时》。这本书很像冲凉,会对你有很多启发和刺激。它会让你明白很多你有兴趣的事情,比如你每天浪费的时间有多少,应该怎样避免这种浪费,怎样有效利用节省出来的时间……一周之内你便可以读完这本书。你可以每天看20页,把早上看报纸的半个小时缩短到10分钟。

杰斐逊总统曾说:"我已经没有阅读报纸的习惯了。从我开始阅读古罗马历史学家塔西陀和古希腊历史学家修昔底德斯的作品后,我发现我越来越开心了。"如果你能够像杰斐逊总统那样,把读报纸的时间缩短一半,在几个星期后你会发现一个更加聪明,更加开心的自己。你信吗?相信你一定愿意节省很多时间读一些有意义的书籍。当你等电梯时,等公车时,等上菜时,等约会时,完全可以把随身带着的书拿出来读一读。这种读书的方式,或许比把书摆在书架上更有效。

当你读完《如何充分利用一天24小时》后,你或许就会对作者的另一本书感到好奇,那本书的名字叫作《人类机器》。在读完这两本书后,你会在处理人际关系上游刃有余,变得更加淡定从容,更加理智,这会成为你的优点。我推荐这两本书,并不只是由于这两本书的内容,还和其表达方式有关,我相信这两本书一定会改变或者完善你的语言表达。

此外,在推荐给大家两本十分有益的书籍,《章鱼》和《桃核》，其作者为佛兰克·诺里斯，这是美国历史上最优秀的小说之一。《章鱼》描述的在加利福尼亚州发生的动乱和人类的悲剧。《核桃》讲述的是在芝加哥股票市场上经纪人的尔虞我诈。

《黛丝姑娘》，作者是汤玛斯·哈代，这是最优雅的一本小说。

《人的社会价值》，作者是希里斯；《与教师的一席谈话》，作者是威廉·詹姆斯教授，这两本也是难得一见的好书。

《小精灵——雪莱的一生》的作者是法国知名的作家摩罗瓦，《哈罗德的心路历程》的作者是拜伦，《骑驴之行》的作者是史蒂文森，这些书也应该出现在你的书单中。

每天陪伴在你身边的应当是爱默生，你可以经常看看他的知名评论《自恃》，轻轻地朗读他那些挥洒自如的语言。

最后，我们会介绍最好的作者。他们到底是谁？曾有人让亨利·欧文爵士推荐100本在他看来最好的书，他为此列了一个书单。

他说："这100本书中，最值得我研究的是莎士比亚的作品。"你需要其中的营养，且尽可能多地吸收这些营养。至于晚报，你完全可以抛弃了，拿起莎士比亚，读读罗密欧和朱丽叶之间的故事，或者看看麦克白和他的野心。

这样做有哪些好处呢？你可能会在潜移默化中慢慢改变用词，使用一些更加高雅的词汇。你精神上的高贵优雅将会散发出来。所以德国一代文豪曾说："跟我说说，你谈论了些什么，我就会知道你属于什么人。"

我上面提到的阅读计划，其实并不需要太多精力，只要节省部分时间，花5美元买一本书，买一套爱默生论文集和莎士比亚全集即可。

马克·吐温是怎样锻炼熟练、巧妙地掌握语言文字的能力的呢？年轻时，他曾从密苏里州搭乘驿站马车一直旅行至内华达州。这段旅途十分漫长，且一定要随身带着人和马需要的食物，还需要带大量饮水，旅途艰难。所以，超重代表了安全和灾祸相距不远，行李需要按照每盎司的重量计费。

但即便如此，马克·吐温还是带了一本很厚的书，即《韦氏大辞典》。这本辞典一直伴随着他走过千山万水，跨越沙漠，穿过土匪和印第安人频频出没的原野。他希望他可以变成文字的主人，因此他依靠特有的意志和勇气，为了目标不断奋斗。

皮特和查特汉爵士也曾读过这本辞典两遍，一字不落地读。勃朗宁每天都会翻看辞典，曾经为林肯做传的尼克莱和海伊通过阅读这本辞典也得到了很多快乐和启发。他们说，林肯经常会"在夕阳西下时翻阅辞典，直到光线暗淡，字迹模糊"。其实这些案例并不特别，所有卓越的作家和演讲家几乎都经历过这些。

威尔逊总统拥有很高的文学造诣，他的许多作品，如对德国宣战宣言的那一部分文字在文学史上的地位也是举足轻重的，他说的就是他使用文字的办法：

"我的父亲无法容忍家庭中有人遣词用句不恰当。只要有一个孩子说错话，必须马上纠正，所有不懂的词语要立刻解释清楚。他鼓励我们所有人在日常生活中使用这些词语，这样记忆才

会更加牢固。"

纽约的某位演讲家因为句子结构严谨，语言精简高雅获得了较高的赞誉。在近日的谈话中，他说出了精确使用文字的办法：

在他阅读或者聊天时，如果遇到不认识的词语，会马上写在备忘录上。晚上睡觉之前，他会翻看辞典，看看这些词到底是什么意思，如果白天没有遇到生僻词，晚上他就会看一两页费纳德的《同义词、反义词和介词》，尽量研究所有词语准确的含义，方便以后使用。

他的座右铭是"每天认识一个新词"，这让他每年会增加365个附加的表达工具。他把所有的新词记录在一个笔记本上，只要有时间就会反复看。只要一个词的使用次数超过3次，就会永远存在于他的词汇中。

辞典的价值不只是了解一个词语的准确意义，更是为了让我们得知这些词语来源于何处。在英文辞典中，每一个单词的定义后面都有括号，其中写的内容就是这个词语的历史根源。千万别把这些词当成是无聊、枯燥的声音，其实它们蕴含的感情十分丰富，十分浪漫。例如"打个电话给杂货店，让他们把一些糖送来"。即便是如此简单的两个句子，也有很多从不同文字中借用的词汇。如，"Telephone"意为打电话，这个词汇是由两个希腊字组成的，Tele意为"远方的"，Phone意为"声音"。Grocer意为杂货店，这个词是从法语中演变过来的，历史悠久，这个词本来是Grossier，但是法文中的这个词语是从拉丁文Gross-Arius演变过来的，在拉丁文中这个词的意思是零售和批发商人。Sugar意为"糖",这个词来源于法文,法文又是从西班牙语发展来的,西班牙语则是从阿拉伯文中借用的,阿拉伯文最早是从波斯文发展出来的,波斯文中的Shaker则来源于梵文的Calkara,指的就是"糖果"。

比如,你在某公司任职,或者自己做公司。英语中的公司一词Company是从古字Companion发展来的,这个词的意思是伙伴,而Companion是Com和Panis组成的,前者的意思是"和",后者的意思是"面包"。换句话说,你的伙伴Companion也就是和你分享面包的人,一个公司其实就是由一群想要得到面包的伙伴组成的,即Company。

你的工资Salary,指的是你买盐Salt需要的钱。在古罗马时代,士兵们拥有买盐的津贴,之后有人把他的全部收入称为Salarium,即买盐钱,这个词由此成了一个众所周知的俚语,最终成了一个人们十分尊重的英文词汇。

现在,你的手里拿了一本书,我们用Book表示书,但这个词语本来的意思是Beech,意为"山毛榉",指的是一种树。在很久以前,盎格鲁撒克森人就是在山毛榉书上刻下他们的文字的,或者把文字刻在以山毛榉木为材料的桌子上。

还有你钱包中放着的Dollar,即美元,其实这个词本来的意思是Valley,即山谷。美洲最原始的钱币是在圣卓亚齐姆山谷中铸造成功的,这是6世纪发生的事情。

Janitor意为"看门人",January意为"一月",这两个词都是从意大利西部古国伊楚里亚的一个铁匠的姓氏中得来的。这位

铁匠就居住在罗马,他专业制造一种很特别的门锁和门闩。在他去世之后,异教徒将其尊为神灵,这个人有两副面孔,能够同时看到两个方向,这表示门的打开和关闭。所以,当旧的一年过去,新的一年到来时,我们称那个月份为January或者Janus,后者就是那位铁匠的姓氏。当我们讨论January或Janitor时,其实是在缅怀一位铁匠。他生活的时代大约为公元前1000年,他的爱人叫Jane。

此外,July指的是一年中的第七个月,即"七月"。这个词语起源于古罗马的Juliu Caesar,即恺撒大帝。之后的奥古斯都大帝为了禁止恺撒专美于前,决定称七月份的下一个月为August,即八月。当时,8月只有30天,奥古斯都大帝并不希望以自己名字命名的月份少于以恺撒命名的月份,所以他在二月中找了一天加进了8月份,八月变成了31天。你瞧,我们每天都要使用的日历上也有很多自负的表现,这真的太显眼了。

只要我们稍加留意,就一定可以发现每一个词汇背后隐含的历史。如果你时间宽裕,你还可以尝试从大辞典中找一找这些词语到底是怎么来的,看看隐藏在它们背后的故事,你会发现一片新的天地,这会让这些词语更有意思,也会让你更有兴趣。

三、准确无误,表达观点

想要准确地表达你的观念,体现出你的观念中微乎其微的细节,是很难做到的,即便你是一位拥有大量经验的作家也未必能够达到这个要求。我曾听美国著名的女作家芳妮·霍斯特说,她经常会对一些已经完成的语句反复修改，有时甚至会修改50到100次。有一次她专门统计了一下，她把一个已经完成的句子修改了104次。

乌勒也是一位女作家，她曾说，有时候需要把一篇马上要在各大报纸联合刊登的短篇小说删去一两句话，但是就这一两句话，能让她忙一下午。

美国的政治家莫里斯曾经说过美国知名作家为了找到一个准确词语的具体做法：

"我们在他小说里看到的每一个词，都是从上千万个词语中筛选出来的。他使用的所有词语，全部经过了严谨的思考，认真的判断，绝对经得起时间的检验。每一个词语、每一个段落、每一页，甚至整个小说，他都会反复修改。他最常使用的办法是'淘汰'原则。比如，当他要写一辆汽车转弯进入大门的场景时，一定会详细介绍，争取捕捉到每一个细节，然后再删减一些细节，虽然所有的细节都经过了深思熟虑。每次删减，他都会不断问自己：'我想描述的场景是否保留了下来？'如果不是，他就会把删减的部分补偿回来，然后改变目标，试图删减其他细节。这样慢慢修改，多次重复之后，读者就会看到一副简单清晰的画面。也就是因此，他的小说和爱情故事备受瞩目。"

实际上，大部分像我们一样的人根本没有时间和精神像他们一样一丝不苟地探寻合适的词语。我列举这么多案例，其目的只有一个，那就是告诉大家，已经成功的作家们对于遣词用句也是十分谨慎的，他们也在探索怎样才能表达得更加准确。此外，我希望所有学习演讲的人能够对语言和文字充满好奇。当然，如果演讲者在演讲的过程中停下来，试图寻找更加准确的语言是不合适的，但是他应当每天练习怎样准确表达观点，直到他能够非常自然地做到这一点。

你需要做到这一点，但是做了吗？我可以确定，你没有做到。

根据相关数据记载，大文豪密尔顿的著作中使用的单词约为8000个，莎士比亚使用的词汇高达15000个。一本标准的辞典中包含的词汇有45000个，但是根据初步统计，一个人想要表达自如，只需要2000个单词。一般来说，我们只需要了解部分东西，可以把动词连接起来的连词，一些名词和部分经常需要使用的形容词，只要了解这些，便可以称之为语言高手了。

由此看来，语言的学习并不困难。

四、保持创造力

女作家凯撒琳·诺利斯曾分析过：我们应该如何养成特有的个性。她认为，我们应当大量阅读古典散文和诗集，对于作品中毫无价值可言的词语和俗套的比喻最好能够删除干净。

杂志社的编辑跟我说，当他看到作者的稿件中有很多古老的比喻时，他会毫不犹豫地退稿，以免浪费时间。他说："一个表达毫无新意的作家，怎么可能会有新的思想呢？"

第3章　使演讲风格和个性更加完美

我曾经做过一次智力测验，测试对象是100位知名的商界人士，这次测试的内容和美国陆军在二战期间使用的相似。研究中心最终给出的结论是：在事业不断取得成就的过程中，个性更加重要，智力反而居于次位。

这个结论很有趣，不管是对商人，还是教育家和专业人士都适用，对演讲者当然也一样。

除了在开始之前要做足够的准备，演讲中最重要的就是要展现个性。艾伯特·霍巴德是知名的演讲家，他曾说："想要在演讲中被听众认可，关键在于演讲的态度，跟演讲稿的语言关系并没有那么密切。"更确切地说，是态度和观念共同作用的结果，但是这种个性是让人难以捉摸的，就像是紫罗兰的香味，即便是优秀的分析家也不敢确定。它包含了一个人所有的气质，如身体、精神、心理等；同时也结合了一个人的遗传、爱好、趋向、气质、想法、精力、经验、锻炼和所有生活。它的复杂性堪比爱因斯坦的相对论，了解这一点的人少之又少。

遗传和环境决定了一个人的个性，只要形成了，就很难在改变。但是我们可以不断强化这种个性，使其蕴含更强大的力量。不管怎么样，我们都应该学会掌控大自然赋予我们的奇迹，这对我们至关重要。所以，虽然个性很难改变，但是我们还是要讨论这个问题。

一、保证良好的休息

如果想在演讲时发挥最高水平，就一定要保证足够的睡眠。不管怎么说，听众的注意力都不会聚集在疲惫的演讲上。一些常见的错误一定要尽力避免：把已经计划和准备好的工作拖延至最后，才慌忙去做，想要把丢失的时间找回来。如果这样做，很可能会让身体处于疲劳的状态，引起大脑疲劳，这是一件很恐怖的事情，会让我们渐渐丧失活力，让大脑和神经越来越脆弱。

如果你一定要在4点的时候面对某个委员会发表重要的演讲，那你就必须先享受一些午餐，如果还有时间，可以休息一下，这样能够帮助体力恢复。不管是身体上还是精神上的休息，都是我们必须的。

吉尔拉廷·法拉经常会让她的新朋友们刮目相看，因为她每天晚上睡觉的时间很早，聊天的只有她的丈夫和她的朋友们。这其实是她从事艺术工作需要的。

诺迪卡夫人也曾说，当她成为歌剧第一女主角后，她就需要放弃一些她的喜好，比如人际交往，比如朋友，比如美食。

在进行重要的演讲之前，不要吃太多东西，我们需要学习圣徒，只吃一点即可。比如亨利·比丘在每个星期天下午5点时，吃的食物只有饼干和牛奶，其他东西都被拒绝了。

默芭夫人说："如果晚上有演唱会，我就不会选择吃午餐，下午5点时，我会吃一些鸡肉、肉片或者一小份甜面包、一个苹果，喝一杯水。因此，每次歌剧院或者音乐会的演出结束后，我都感觉饿死了。"

默芭夫人和比丘的做法是聪明的。对于这一点，我本来并不清楚，但是当我在各地演讲后，我懂得了这个道理。刚开始时，我经常会在演讲前的两个小时吃大量食物，但是我的经验表明，如果你喝了大量的酒和汤，吃了很多牛排、炸薯片、沙拉、蔬菜和甜点，再持续站两个小时，你的身体绝对不会处于最佳状态，你不可能尽情演讲，因为身体大量血液全部用于胃部消化了，不会供给大脑。

帕德列夫斯基是著名的音乐家，他曾说，如果在演讲开始之前大吃大喝，那么兽性就会更加明显，甚至会透过指尖表现出来，毁了他的表演。

二、衣着恰当，态度大方

一位心理学家，同时也是一位大学的校长，做过一项大型调查，研究服装对人的影响。

接受调查的人全部表示，当他们衣着得体干净时，他们会意识到自己很干净，此时信心会倍增，自尊心也会明显增强。当人们的外表看起来优秀时，他们的思想也会表现得更加优秀，事业自然容易获取成功。这种说法很难说清，但却是事实，人们对服装有一定的依赖心理。

演讲者的服装对听众又有什么样的影响呢？我观察到了一个很有意思的现象，如果演讲者的衣着不整，如他穿着宽松肥大的裤子、变形的外套和鞋子，口袋外面能够看到自来水笔或者铅笔的头，西裤的外侧被报纸、烟斗、纸烟撑得鼓鼓的，或者一位女士拿着很丑的大手提包，衬裙外露，那么听众对他们毫无信心可言，他们认为这类演讲者的思维必定是混乱的，就像他乱糟糟的头发、肮脏的皮鞋、变形的手提包。

李将军作为军队代表，前往阿波麦托克斯准备向北方军队投降时，他衣着整洁，穿着新制服，腰上系着珍贵的宝剑。格兰特将军却只穿了士兵的衬衫和长裤，没有外套，也没有佩剑。格兰特将军回忆起这件事时说："我和他一对比，感觉自己太奇怪了，对方身高2米，穿着得体，衣冠整洁。"格兰特将军在这么重要的场合没有穿恰当的衣服，这是一辈子的遗憾。

华盛顿农业部的一家实验农场养了上百箱蜜蜂。所有蜂巢上都装有放大镜，只要按下按钮，电灯就会照亮蜂巢，这些蜜蜂的所有行为都会被观察到。演讲者也是这样：他被听众用放大镜观察着，被灯光照射着，所有的目光都看着他。在这种状况下，即便他只是一点很小的不恰当行为，人们也会马上察觉到。

多年前，我受邀为《美国杂志》撰写纽约某银行家的一生。

我邀请银行家的朋友谈论银行家成功的秘诀。这位朋友说，他富有魅力的微笑，是他成功的关键因素。

这听起来，似乎不切实际，但我对此深信不疑。从经验的丰富程度、判断的敏锐性观察，这位银行家不算突出，超越他的人或许有几十个甚至上百个，但是这些银行家却具备自己的优势，他为人平和，笑容善良温暖，这是他最大的特点之一。人们会在很短的时间内相信他，认可他。我们都希望他能够成功，都愿意支持他，这一点无法否认。

中国有句话"和气生财"。面对听众，保持微笑，其实与站在柜台后面对人微笑是一样的，都是人们喜欢的方式。这让我想到了一位学员。他每次站起来时，都会发出一种信号，似乎表明他来到这里感觉很好，面对接下来的演讲，他很开心。他总是保持微笑，似乎看到我们他很开心。所以，听众对他都有一种亲切感，因此，听众对他的激情十分喜欢。

但是，我们也会看到另外一种场景：演讲者表现得十分冷漠，用比较做作的样子走出来，似乎对这次演讲充满了不满，希望赶快结束，这样他会对上帝感激涕零。当然，听众也会很快感同身受，这种态度的影响力不容小觑。

《有影响力的人类行为》是奥佛斯特教授的著作，在这本书中，他说：

"好感可以引发好感。如果我们对听众的态度友善，听众也会对我们友善。如果我们对台下的听众感到厌烦，那么听众会从内而外地厌恶我们。如果我们表现得怯弱，听众对我们也会丧失信心。如果我们使自己看起来像个地痞流氓，听众当然也会出于自卫变得自大。所以，很多时候，在我们还没有说话时，听众对我们已经有了判断。我绝对可以证明，我们的态度会对听众产生强烈的刺激。"

三、增强号召力

下午，我常常会面对演讲大厅中人数不多的听众进行演讲，晚上，也常常在听众很多的房间中演讲。笑话没有变，但是晚上的听众会捧腹大笑，下午的听众只会淡淡一笑。晚上的听众听到演讲后会兴奋鼓掌，下午的听众却面不改色，原因在哪里呢？

其实影响因素很多，但有一点毫无疑问。下午的听众多是老弱妇孺，晚上的听众多是活力四射且判断能力很强的听众。

实际上，还有一个很重要的因素，那就是当听众比较稀疏时，他们很难被感动，在宽敞的演讲大厅中，听众和听众之间的空座位很有可能会打消听众的激情。

所以，必须提高对听众的感染力。亨利·比丘曾在耶鲁大学发表了演讲，主题是布道，他说："人们常常问我：'面对众人发表演讲，是否比面对小部分人演讲更有趣儿？'我的回答是否定的。面对12个人，我能够发表出色的演讲，面对1000人也一样，但有一个要求是，这12位听众一定要在我身边，一个挨着一个坐着。如果1000人的听众是分散坐着的，每个人之间相距1米，那么演讲的效果和在一个空房间差不多……你的听众必须汇聚在一起，因为这样，你感染他们花费的精力会少很多。"

当一个人在人群中时，很容易迷失自我，融入群体，此时的人比单独一个人更易被感染。当他人笑时，他会哈哈大笑，兴奋鼓掌。但是如果只有五六位听众，即便演讲者说了相同的内容，他却未必会有回应。

当人们被看作一个整体时，你想让他们有回应就比较简单；但是，如果你想要一个人回应你，并不容易。比如，当男性在战场上的时候，可能会做出一些危险的不考虑后果的事情，他们希望大家团结一心。"一战"期间，战场上的德国士兵抓住同伴的手，一刻也不放松。

群众！群众！群众！这堪称一种奇迹。很多规模巨大的运动和社会改革，都需要和民众结合在一起展开。对于这一点，艾佛特·狄恩·马丁的著作《大众行为》是特别有意思的一本书。

如果你面对一小部分人演讲，尽量选择一个比较小的房间。让听众处于一个相对密闭的空间，这会比在宽敞大厅中的演讲效果好很多。

如果听众相距较远，不妨把他们集中到前排，尽量靠近你的位置。这样做了之后，再开始演讲。

如果听众太多了，你就需要站在讲台上，如果没有，就别这样做了。你需要和他们站在一起，就站在他们旁边。只有突破陈规，和听众融合在一起，你的演讲才会具有日常聊天的自然魅力。

四、保持演讲大厅干净整洁

演讲大厅中空气一定要保持新鲜。在演讲中，氧气的作用很关键。不管多么优秀的演讲，不管音乐大厅中的女高音多有魅力，如果空气质量不好，听众都很难清醒。如果我是演讲者，在演讲开始之前，我会邀请听众起立，休息两分钟，打开所有的窗户。

灯光在演讲过程中也很重要。如果你并不是准备面对听众表演招魂术，那一定要让房间中的阳光充足。如果房间光线昏暗，听众的情绪很难被带动。

著名制片商比拉斯科关于舞台表演的著作，不知你是否看过，如果看过，相信你会意识到，普通演讲者根本不了解灯光的重要性。

灯光一定要照着你，因为听众渴望清楚地看见你。把你脸部的细小变化表现出来，这属于自我表现的一个内容，也是最为真实的内容之一。这或许比你利用语言进行的自我表达更有效果，如果你位于灯光正下方，那么面部就会形成阴影；如果光源从你身后发出，你也会处于阴影中。因此，在演讲之前，一定要找一个光线最好的地方，这样才能让自己更清楚地出现在听众面前。

切忌，不要站在桌子后面，听众希望看到你的全身。有时候，他们还会从座位后面探出脑袋，其实就是想要看清你。

主持人可能会好心帮你准备桌子、水壶和水杯，但是水壶和水杯其实是没有价值的东西，不建议这样放。如果你真的觉得口渴了，可以提前含一片柠檬，这样你的唾液分泌就会增多，堪比尼亚加拉瀑布。

百老汇大街上品牌的汽车展布置美观、整齐干净、让人看起来很舒服。法国巴黎名牌香水和珠宝店的办公室，看起来典雅高贵。这样布置的原因何在呢？不过是因为销售高档商品，客户看到展厅的美观后，更可能对商品心动，更有信心，也会更加仰慕。

道理是一样的，演讲者也需要站在得体的背景中。在我看来，布置最完美的场景是，没有家具，演讲者的后面不应当有任何干扰听众的东西，周围也不应该有。换句话说，演讲者需要的只是一块深蓝色天鹅绒幕布。

演讲者的背后一般会有什么呢？常见的是地图、图标和满是灰尘的椅子。这会有什么影响呢？让听众感到低俗，感到混乱。所以，这些没用的东西最好都拿开。

亨利·比丘曾说："人是演讲中最重要的！"

如果你是演讲者，那你一定要提醒自己，让自己像少女峰雪白的峰顶和瑞士湛蓝的天空一样光彩夺目。

某次，我在加拿大安大略省的兰登市旅行，恰巧遇见了加拿大总督在当地发表演讲。他演讲时，一位工人拿着一根长木棍，从一个窗户走向另一个窗户，并调整木棍。但结果却是听众的注意力全部被这位工人吸引走了，似乎台上的演讲者根本不是在演讲，而是在进行魔术表演。

无论是听众还是观众，他们的注意力都更容易被运动中的物体吸引，演讲者如果能够牢记这一点，就会少很多困扰。所以，我建议演讲者牢记以下几点：

首先，控制自己，在演讲中不要玩指甲、扯衣服，或者做一些转移听众注意力的小动作。

一位纽约知名的演讲家，曾经在演讲时很喜欢玩讲台的桌布，最后，所有听众的注意力都在他的手上，看了整整半个小时。

其次，如果能够做到的话，演讲者要调整听众的位置，让听众看不到那些迟到的听众进来的方向，以免转移其注意力。

最后，演讲台上不要坐贵宾。

多年前，雷蒙·罗宾斯在布鲁克林发表演讲，他请我和其他几位贵宾上台坐。但是我没有答应，因为这对演讲者来说是不利的。现实也果真如此：第一天晚上，我看到有一位贵宾在移动身体，有的在跷二郎腿，然后再放下来；只要有人有小动作，听众的注意力就会分散到贵宾身上。第二天，我把这件事告诉了罗宾斯先生。之后的几个晚上，他选择自己在演讲台上站着。

比拉斯科先生拒绝在演讲台上放红色鲜花，因为他觉得这会分散听众注意力。可想而知，演讲者怎么可能愿意在他演讲时，旁边坐着一个一直动的人呢？只要有点智商的人，都不会允许这件事情发生。

五、注意姿态良好

在演讲开始之前，不要和听众面对面地坐着。演讲者应当以新的身份走进会场，这种效果会远远好于听众眼里的旧形象。

如果一定要先坐着，那也要注意坐姿。你一定遇见过四处寻找座椅的人，就像是一只猎狗想要找一个地方睡一觉。他们东张西望，发现了一个空座位，然后快步上前，像个大沙袋一样，砸向椅子。

了解坐的艺术的人，会先用脚背触碰椅子，从头部到臀部保持直立，优雅地入座。

我们已经提醒过了，不要扯衣服或者玩首饰，这些小动作会分散听众的注意力。此外，还有一个原因，这种做法会让听众觉得你自控能力较差。任何不恰当的动作都会分散听众的注意力，即便是很细小的动作，也会让听众分散注意力。因此，一定要保持静止的状态，控制自己，这样才能让听众觉得你是可以信任，可以依靠的。

当你站起来演讲时，不要马上开口，虽然很多演讲家都会这样做，但他们都是业余的。先深呼吸，用一分钟的时间看听众；如果听众中有一些噪音，那就停止，直到他们安静为止。

保持抬头挺胸，不要面对听众了才这样做。每天都这样做不是很好吗？这样，面对听众时，你自然就会抬头挺胸。

《高效率的生活》是罗瑟·古利克的著作。在这本书中，他说："在10个人中，我们都发现不了一个让自己进入最佳状态的人……记住把你的脖子和衣领贴近。"

他建议人们每天这样练习："保持呼吸平稳，尽量做到；此外，把脖子和衣领贴近。即便动作夸张，也没有坏处。这样做，能够让我们的背部挺直，胸部加厚。"

站好后，双手放在哪里呢？最好不要想起这件事。如果双手能够自然下垂放在身体两侧，这是最好的。如果你感觉双手像一串香蕉，那听众一定会注意你的双手，千万不要认为听众对此毫不关注。只有让双手自然下垂，放在身体两侧，听众才会不关注。即便是要求苛刻的人，也不会对此有意见。当然，在必要时，你需要用手势强调一些事情，但是要注意尽量自然。

如果你真的特别紧张，但是只要把双手放在背后，或者插在口袋中，或者放在桌子上，就会缓解紧张的情绪，那该如何做呢？此时，你需要调动你的常识，做出判断。我听过很多知名演讲家的演讲。他们在演讲时，有时候也会把双手放在口袋中，比如布莱安就是如此，德普也经常这样做，罗斯福偶尔也会这样。即便是英国的政治家狄斯累利也不例外，虽然他很绅士，但也抵抗不了这种诱惑。

不过，这件事情并不严重，天不会塌下来。如果一个人已经准备好了很有意义的主题，且演讲很有说服力，那么，他在演讲时怎样放置双手和双脚，就是一件微不足道的事情了。关键在于他的思想需要充实，内心应当充满激情，那么，这些演讲的细节问题就可以轻松化解。毕竟，在演讲的过程中，内容比什么都重要，手或脚的姿势是其次。

不过，在大学开设的很多演讲课，都很强调姿势。在我看来，这类课程对学生没有任何好处，而且这种错误的观点可能会带来一定程度的危害。因为这类课程忽视了学生在演讲中的生机与活力，只会把人变成一种打字机，就像是隔年的鸟巢一样，死气沉沉,更像是一部闹剧,荒诞至极。

某次,我看到了20个人一起表演学校教的这种方法。他们的手势完全一样,这看起来真是太可笑了,缺乏真实感。其实,你如果想要学到一些有价值的手势,完全可以自己用心体会,探索,从内心出发,根据观点和兴趣培养。那些有意义的手势,是你的天性中的一部分,一盎司本能的价值远远高于一吨的规矩。

手势和晚宴的服装区别很大,不能随意穿上或脱下,它是我们内心活动的外在体现,就像是亲吻、肚子疼、哈哈大笑或者晕船一样。每个人的手势和他的牙刷一样,都是绝无仅有的。人都有个性,要学会顺应自然,每个人都应该有不一样的手势。

切忌训练两个人完全一样的手势。你们可以设想,如果身材高挑、动作迟疑、思维缓慢的林肯和行动迅速、身材臃肿、姿态高雅的道格拉斯使用完全一样的手势,该有多可笑啊!

曾经一直追随林肯且为他撰写传记的柯恩登律师说:"林肯手上的动作远远少于他脑袋的动作,他经常会用力甩头。当他着重说某一理论时,这个动作特别明显。有时候,这个动作会戛然而止,就像是火花溅到了易燃物品上。他和所有的演讲者都不一样,从来不挥手,仿佛这会把空气和空间分开……演讲逐渐深入,他的动作会更加自然,最终达到完美。他拥有完美的自然感,特征强烈,看起来十分尊贵。他从来不会表现得虚伪、哆嗦、伪装……当他面对听众发表观点时,细长的右手手指会容纳一个很有价值又极为重要的世界。他高举双手,呈50度角,手掌向上,似乎是想要一个拥抱,这代表了他很开心,很快乐。有时他也会高举双手，双手握拳，在空中舞动，似乎在表达内心的厌恶，比如对奴隶制度，他就是如此。这是他效果最强烈的手势之一，表明了他坚定的信心，似乎他决定撕扯下这些让他厌恶的东西，将其化为灰烬。他不会依靠任何东西。在完成整个演讲之前，他的姿势和神态几乎没有什么变化。他从不喊叫，从不在台上走来走去。为了让双臂看起来轻松些，他偶尔会用左手抓住外衣领，拇指向上，用右手做一些比较自然的手势。"

这便是林肯的办法。圣·高登斯是知名的雕塑家，他将林肯的这种状态，做成了一座雕像，就在芝加哥林肯公园里摆放着。

和林肯相比，罗斯福总统似乎更富有青春的活力，也更加富有激情。我们在他的面孔上似乎能够看到他内心强烈的情感，总是那么积极向上。他紧握双拳，让身体帮助他表达内心的情感。

政治家布莱安经常做的一个动作是伸出一只手，张开手掌。

格累斯顿经常会拍桌子，踩地板，发出一些声响。

罗斯伯利经常会高举右手，然后用很大的力气向下挥动……

但是，这些动作对演讲者都是有要求的，这要求演讲者的思想和信仰中蕴含力量，这样演讲者做出来的动作才会更加自然，更加有力。

自然……有力……这是行动的最好状态。英国的政治家伯克的手势看起来就有些愚笨做作。英国知名的演讲家皮特总是把手放在空中比画，看起来像极了小丑。亨利·欧文爵士本就跛脚，行动更是怪异。马科雷爵士站在演讲台上的行为也让人唏嘘。对于这一点，已经去世的库尔森爵士曾做过一番评论：

"答案很明显，杰出的演讲家们总有他们独有的手势。虽然帅气的外形和高雅的姿态是所有演讲家们必备的，但是如果一位演讲者恰好其貌不扬，行动迟缓，也不是很重要。"

只要你经常实践这些，你就会发现，利用这种方式你同样可以完成这种手势。我没有办法说你一定要怎样做，因为这和演讲者的气质有很大关系，也需要根据现实情况决定，看演讲者的热情和性格，演讲者的题目、听众和演讲场所的情况。

但是，我理应给出一些建议，相信对你会有所帮助：

不要使用单一的手势，人们会感到厌烦无聊；

不要使用肘部做一些急促的动作，因为站在演讲台上时，肩部发出的动作更加美观。

手势不要太迅速，如果你经常使用食指强调，那么在说完这个句子之前，不要结束这个手势。

很多人都不在乎这些，其实这是一个十分常见但却很致命的缺点。这会减小你强调的力度，把一些看似不重要的事情演变成比较重要的事情，但是本来重要的事情却变得有些微不足道了。

总而言之，在听众面前演讲时，最好只使用那些看似自然的手势。当你演讲时，要学会遵从内心的渴望和冲动，没有比这些更值得你信任的东西了，这些比那些教授的指导更有意义。

如果你想不起来我们所说的关于手势的一切，但又必须马上上台演讲，那么牢记一点就足够了：如果一个人认真思考了其演讲主题，渴望表达他的想法，甚至达到了忘我的状态，那么，他表现出来的所有一切都会很自然，人们更不会批评他的手势和表达方式。

·第五篇·
向成功演讲下战书

在这一篇中,我们会介绍各种演讲类型的规矩和技巧,
涵盖人际交往聊天到正式演讲等。如果你现在就要准备去演讲了,
可能会出现两个问题:一个是向听众介绍某位演讲者,
一个是发表自己的演讲。
那么,我们用两章的内容来说明介绍词和演讲。
最后一章会重点表明,这本书中的演讲不仅有利于当众演讲,
对于日常交流也十分有效。

演讲与口才

第1章　介绍性演讲的办法

当你收到当众演讲的要求时，你可以举荐其他人，或者自己简单介绍，这样听众会更清楚状况，也会获得愉悦感，更加相信你。如果你主持的是民间组织的集会，或者某妇女俱乐部的活动，那么你就需要介绍下次会议的主讲人。或许，你会有机会在当地家庭教师协会、销售小组或者政治组织中进行演讲。这一章的重点在于告诉大家怎么准备介绍词。当然，我们也会针对颁奖和领奖给出一些可行性建议。

约翰·梅森·布朗既是一位演讲家，也是一位作家。他的演讲十分生动，受到了各地听众的欢迎。有一天晚上，他和一位主持人聊天。

主持人告诉布朗先生："放轻松，你的演讲不必担心，在我看来，演讲不需要准备，完全不用。如果准备了什么，反而会失去美观，恶化氛围。我更喜欢即兴表演，从来没出现过意外。"

这段安慰的话说完后，布朗新生认为主持人的介绍一定会十分精彩，但是主持人却让布朗先生大失所望，他在著作《积习难改》中这样说：

主持人站起来说："各位先生，请保持安静。我要给大家分享一个坏消息，我们本想邀请艾萨克·马克森先生发表演讲，但不幸，他生病了。"听众们的掌声响起，"之后我们邀请了伯莱维基议员……但是他没有时间。"掌声再次响起，"最后，我们邀请堪萨斯州的劳埃德·葛罗根博士，但还是失败了。"掌声又响了起来，"无奈，我们只能邀请约翰·梅森·布朗前来。"听众一片沉默。

布朗先生想起那次经历，说："很幸运我的朋友没有念错我的名字，真是一位灵感家啊！"

你应该听明白了，这位主持人把所有的希望寄托于灵感，如果他准备几分钟，情况会不会好点呢？他的介绍词早已违背了听众和演讲者的希望。虽然这位主持人需要做的事情不多，但却十分重要。很多在场的节目主持人并没有意识到这一点，这难道不奇怪吗？

介绍词的作用和交际介绍很像。它是连接演讲者和听众的纽带，是为了带动氛围让彼此产生好感。有些人总认为"你不需要说什么，只要介绍演讲者就可以了"，这种想法太幼稚了。介绍词很容易使演讲失败，也许就是因为很多主持人都不在意这一点。

介绍是由两个拉丁字构成的，intro意为"内部"，ducere意为"领导"，所以这个词的意思是：带着我们进入事物内部，进入即将谈论的内容。所以介绍词应该带领我们认识演讲者，并让我们感受到演讲者完全有能力谈论这个话题。也就是说，介绍应该是把演讲的主题和演讲者推荐给听众。介绍词需要语言简洁明了。

这是介绍词的主要任务。但是现实如何呢？其实大多数人都没有做到这一点。很多介绍词都很简单，漏洞百出，根本没有价值，根本没有完成本来的任务。如果主持人没有感受到任务艰巨，那就需要从思想上改变这一点，他很快就会成为受到人们喜欢的主持人，可以主持典礼和礼仪。

接下来，我就给大家介绍一些有助于组织介绍词的办法。

一、准备充分

即便介绍词的时间很短，有时候甚至不足一分钟，但也需要认真准备。首先，需要收集资料。资料的内容基本围绕3个方面：演讲的主题；演讲者和这一话题相关的经历；演讲者的姓名。有时候，我们也可以把演讲主题的趣味性放在这里介绍。

你一定要对演讲的主题了如指掌，了解演讲者对该主题具备怎样的能力。其实在这个环节，最尴尬的事情就是演讲者不同意主持人的介绍，认为这个介绍词和他的某些观点冲突了。这种情况很好避开，只要主持人清楚地了解演讲者的主题，不瞎猜。但主持人不仅要了解演讲者的主题，还要点明听众对这个主题很有兴趣。如果有机会，主持人应当从演讲者那里得到一些有效的信息。如果需要第三方提供帮助，那么节目的主持人在开始演讲之前，就应该收集很多书面的资料，并就相关问题和演讲者核对。

但是，你准备的重点应该在演讲者的经历上，如果演讲者本就名声显赫，那么你可以从名人录或者杰出人物中得到相对准确的信息。如果他在当地小有名气，你可以利用他的公众关系或者单位同事，或者可以找他的朋友家人聊一聊。其目的只有一个，就是让你的资料更加准确。相信演讲者的朋友很愿意帮助你寻找资料。

当然，如果介绍的资料太多也会招致反感，尤其是介绍一些和演讲毫不相干的学历之类的信息。比如，如果介绍一个人时，已经表明他是哲学博士了，再说他是硕士或者学士就略显多余了。同样的道理，如果你已经介绍了他现在的职位，就不需要再介绍他大学毕业后的职位了。当然，还有最关键的一点，一定要介绍他的伟大成就，至于一些无足轻重的东西可以省略。

比如，我曾经听过一位本可以更加出名的知名演讲家说介绍词，他介绍的对象是爱尔兰诗人W.B.叶芝。叶芝准备朗诵一首原创诗歌。3年前，他荣获诺贝尔文学奖，这是对文艺工作者最大的赞美。我相信，知道这个奖项和意义的人不足百分之十。但是不管怎么说，我们需要提到这一点。即便不提其他内容，这个也必须包含在内。那么，主持人是怎么做的呢？他根本无视这一点，反而开始谈论神话和希腊的诗歌。

最关键的是要记住演讲者的名字，清楚它的发音。约翰·梅森·布朗曾说，有人介绍他的时候，说成了约翰·布朗·梅森，还有人说成了约翰·史密斯·梅森。加拿大有一位知名的幽默大师，名叫斯蒂芬·里柯克，他曾写过一篇散文《我们相聚在今晚》，文风轻快，在这篇散文中，他曾写道一位主持人介绍他的场景：

各位现场的观众们一定十分期待里罗德先生的到来吧。从他的书中，我们能够发现他已经是我们的故友了。我相信，在我们这里没有人不知道里罗德先生。我很荣幸能够向大家介绍里罗德先生。

采集信息的目的是确定，只有做到了这一点，演讲的目的才能达到，才能让听众的注意力集中起来，听接下来的演讲。主持人的准备如果不够，在之后的演讲过程中很容易出现令人晕头转向的场景：

演讲者对这个主题具有权威性。我们想听听他的看法，因为他从一个遥远的地方赶来。这会让我的好奇心更重，现在，让我们有请布兰克先生。

只要认真准备，我们就能避免在介绍演讲者时，使演讲者和听众之间的关系变得不和谐。

二、利用T-I-S模式

很多介绍词都可以使用T-I-S格式，这是一个组织收集资料不错的选择：

T代表主题。介绍词开头就应准确无误地说出演讲的主题。

I代表重要性。这一部分主要是让听众对演讲的主题产生兴趣。

S代表演讲者。意思是需要把演讲者的杰出经历列举出来，尤其是和主题相关的。最后再清楚准确地说出演讲者的姓名。

这种格式能够让你最大限度地发挥想象，介绍词不一定都一样。现在，我们列举一个利用了这种格式但却不失个性的介绍词。纽约市某编辑霍默·卓恩向很多新闻工作者介绍纽约电话公司总裁乔治·韦伯先生。

今天，我们演讲的主题是"电话为你服务"。

对我来说，世界上打电话发生的神奇事情十分神秘，就像爱情和赌马者的坚持一样。

你为什么会拨错了号码呢？为什么我们在隔着一座山的两个镇之间打电话的速度会慢于纽约和芝加哥之间打电话的速度呢？我们的演讲者能够说清，也能够帮助你解答很多关于电话的困惑。20多年来，他所有的工作都离不开这些，整理各种电话的资料，让客户对电话中的问题更加了解。现如今，他的工作能力突出，已经成了一家电话公司的总裁。

他会向我们我介绍他们公司给我们提供服务的办法。如果大家很满意电话服务，那他就相当于一位善良的圣徒。如果你因为电话感到困惑，那么他可以帮你解答其中的疑惑。

各位先生，各位女士，让我们欢迎纽约电话公司的副总裁——乔治·韦伯先生。

在这段介绍词中，我们可以看到主持人促使观众想到电话的方式多么奇妙。他以提问的方式，点燃了听众的好奇心，然后表明演讲者对此会一一解答，同时，也会解答他们的其他困惑。

我并不认为这段介绍词是事先写好背诵的。或者说，即便是提前写好的，主持人读起来也很自然。介绍词不应熟读成诵。

在某次晚会上，主持人需要介绍科妮莉亚·奥蒂斯·斯金纳，但就在此刻，她脑子里一片空白。接着，她开口说："拜德上将的出场费太高了，所以，我们邀请了科妮莉亚·奥蒂斯·斯金纳小姐。"

介绍词的形成应当十分自然，随机产生，没有太多限制和约束。

在之前的介绍中，我们曾谈到了韦伯先生的案例，但并没有使用"我很荣幸""我很幸运"之类的套路。介绍演讲者的最好办法就是说出他们的名字，或者在"我要介绍"之后说出他们的名字。

很多主持人之所以失败，是因为他们说得太多，召来了观众的厌烦。还有一些主持人自我沉迷于侃侃而谈中，想让演讲者和听众对自己印象深刻。此外，还有一些主持人总是说一些没有涵养的笑话，采取幽默的方式夸奖某一行业，贬低某一行业。所有这些做法都是不对的。如果主持人希望介绍词能够更加完美，就应该尽量避开以上错误。

现在，我们再看一个不违背T-I-S模式但又极具个性的介

绍词。埃德加·L.史纳迪介绍知名的科学家、教育家和编辑杰罗德·温迪时,使用的就是这种模式。但他的使用方法值得我们注意:

我们演讲的题目是《今日科学》,这是一个十分严肃的话题。听到这个话题,我们的脑海中会闪现出一个精神病患者的故事,他想象着自己身体里住着一只猫。但是因为这种错觉得不到证明,心理学家就会给他进行手术。等他从麻醉中醒过来之后,医生把黑猫抱了过来,说问题都已经解决了。他却告诉医生:"对不起,医生,我是被一只灰色的猫折磨成这样的。"

现在的科学就是这样。如果你要抓一只名为铀-235的猫,却抓到了一群小猫,锌、钚、铀-233或者其他的东西。就像是芝加哥的冬天,没有什么元素能够屹立不倒。古代的炼金术士们,就相当于最早的科学家,他们在去世时,还请求上帝再给他们一天时间,他们还想继续探索宇宙。现在的科学家们创造了宇宙中很多人们根本不敢想象的事情。

今天,我们的演讲者,对于科学的现状和未来的发展了如指掌,他就是芝加哥大学化学系的教授,宾夕法尼亚学院的院长,同时他也是俄亥俄州哥伦布巴德尔工业研究所的所长。政府部门一直聘请他为科学顾问,此外,他还是一位编辑,一位作家。他在艾奥瓦州的达文波特诞生,在哈佛大学得到了专业学位,参加过军工厂的培训,游历了整个欧洲。

演讲者同时担任着多个学科的多种教科书的作者和主编。他最知名的书籍是《未来世界的科学》,该书出版时,他是纽约世界博览会的科技部主任。他是《时代》《生活》《财富》和《时局》等杂志的顾问,无数读者被他解释的科学新闻吸引。1945年,他的著作《原子时代》出版,此时,日本广岛被投下原子弹已经10天了。他经常说:"最好的即将来临。"我很骄傲地说,各位听到他之后,一定会十分开心,他就是《科学画报》的主编——杰罗德·温迪博士。

多年前,流行一种现象,在介绍演讲者时,习惯吹捧。主持人总会给演讲者戴上很多皇冠,但演讲者却经常会因为被夸耀过度而不知所云。

汤姆·柯林斯是密苏里州堪萨斯市知名的幽默大师,他曾经对《主持人手册》的作者赫伯特·普洛克罗说:"如果演讲者渴望幽默,告诉听众,很快,他们就会笑得合不拢嘴,这是不明智的。当主持人提到威尔·罗杰斯时,你就会发现与其在这里待着,你更愿意回家割腕自杀,因为你已经彻底完了。"

千万不要小看演讲者,斯蒂芬·里柯克说有一次,他只能反对主持人的演讲词。据他回忆,那次的介绍词以下面这种方式结束:

这是我们今年冬天第一次举办演讲。大家都知道，以前开展的演讲都不够完美。实际上，去年年底，我们已经出现了亏损。因此，今天我们换了一种方式，邀请出场费比较低的人前来演讲，现在我给大家介绍里柯克先生。

里柯克先生就这样被定义为了"廉价人才"，他对此十分懊恼，想想如此面对听众，你会有什么感觉呢？

三、满怀激情

在介绍演讲者时，你的表情和你所说的内容都很重要。你应该尽力让听众体会到你的友好和开心，对于内心的不满可以省略。如果在你介绍的过程中，气氛很热烈，那么当你说出演讲者姓名时，听众的期待值会很高，当然会热烈地鼓掌。而听众良好的回应，更有利于演讲者把自己调整到最佳状态。

当你说出演讲者的名字时，一定要注意停顿、中断和有力。停顿指的是在说出名字之前，保持几秒钟的沉默，这样听众会更加期待。中断指的是在说出姓氏和名字之间应当适当分开，这样听众才容易记住演讲者。有力指的是在说出演讲者的名字时一定要着重强调。

此外还有一件事情，那就是在说出演讲者的名字时，声音一定要洪亮，不要面向演讲者，而要面向听众，直到把名字全部说完，然后再面向演讲者。我看到过很多主持人，介绍词堪称完

美，但是却面对演讲者说出了他的名字，导致功亏一篑。这无异于向演讲者个人说他的名字，听众反而被忽视了。

四、真心实意

最后，我们必须有诚意。不要用一些带有贬义或者不够诚信的幽默，侃侃而谈地介绍很容易让人误会。一定要表现得十分真诚，因为你在一个人际交往的环境中，需要高超的技巧和计策。你或许很了解演讲者，但听众并不是这样。虽然你的某些评论是无心之举，但却很容易造成误会。

五、精心准备颁奖词

"人们内心深处最希望得到的就是认可，最希望获得荣誉，这个说法已经得到了证实。"

作家玛约莉·威尔逊在书中曾经提到了这一点，表达了一种我们经常有的感觉。我们都渴望和睦相处，但是我们希望得到认可。对于他们的评论，即便只是一个字，也可能让人有飘飘欲仙的感觉，更别说在公众场合颁发奖品了。

网球明星阿尔泰亚·吉普森把人类心灵深处的渴望作为她自传的题目，她将书命名为《我想做名人》，这一安排十分巧妙。

当我们需要准备颁奖词时，有一点毫无疑问，那就是这个人肯定是一位名人：他因为努力获得了成功，这是值得表扬的，颁奖词应当十分简洁，但也需要小心用词。对于一些经常获奖的人，颁奖词可能意义不大，但是对于那些运气没这么好的人来说，颁奖词可能十分重要，甚至会被记住一辈子。

所以，在准备颁奖词时，我们一定要字句斟酌。这里有一个可以套用的万能公式：

首先，说明颁奖的原因。原因可能是颁奖者付出了长期的劳动，也可能是他赢得了比赛，或者是他取得了重要的成就。对此，我们需要简要说明。

其次，内容应当是听众感兴趣的一些事情，比如获奖者的生活和他做出的贡献。

再次，说明颁奖的意义，大家对此都十分期盼。

最后，表达对获奖者的祝愿，把自己的祝福传递给他。

对于这一类演讲，最重要的就是诚心诚意。这一点不需要多说，相信很多人都了解。因此，如果需要说颁奖词，可以肯定的是你和获奖者一样幸运。这表示你的团队很信任你，希望你能够出色地完成这次任务。这要求我们不能出现夸张的毛病，虽然很多演讲者都存在这种问题。

在这种场景，获奖者的优点可能会被无限放大。如果颁奖是有益的，那我们就一定要明确点出，但是不能过于夸张。溢美之词太多会让获奖者内心不安，也会让听众的信任感降低。

此外，我们还应当尽力避免把奖品本身的意义夸大。不要太过强调奖品本身的价值，重点应该放在对获奖者友善的情感上。

六、答词诀窍

获奖感言必须少于颁奖词。获奖感言是无法提前背诵的，但是需要提前准备。如果知道要领奖，在听到颁奖词后，我们不会太慌张。

只是表达谢意，说"这是我这辈子最开心的时刻"，"这是我一生中最光荣的事情"等话，似乎不够完美。和颁奖词一样，这种说法存在过分夸张的危险。"最幸福""最光荣"这种说法范围太广了。如果换用一些比较恰当的词汇，或许更能表达内心的情感。我们可以用以下模式作为参考：

首先，发自内心地表达感谢。

其次，把这份荣誉的功劳记在那些帮助过你的人、团队、老板、朋友或者家庭中。

再次，说出这个奖品对你的重要性。如果奖品是包装好的，可以当场拆开分享给大家，告诉听众们这个奖品的实用性，精致度，可以说说你准备怎么使用这个奖品。

最后，说一些表达谢意的话结束，但是一定要真心实意。

在这一章中，我们谈论了3种演讲的类型，每一种都可能出现在我们的工作，组织或者俱乐部中。

我非常推荐大家在演讲时，使用这些办法。在合适的场合发表合适的言论，你一定会得到满意的结果。

第2章　长篇演讲的办法

聪明的人一定不会在毫无规划的情况下建造房屋。但为什么会有人没有考虑清楚目的就开始演讲呢？

演讲就像是有目的地的航行，一定要规划路线。从一个地方随便出发，会让人感到毫无目的。

拿破仑曾经说过："战术是一种科学，如果没有经过规划和考虑，不可能通往成功的大门。"我很想把这句话铸成一尺高的大字，然后涂成大红色，挂在所有高效演讲培训班的门口。

演讲和射击十分相似。但是演讲者是否意识到了呢？如果意识到了这一点，会不会采取行动呢？我想他们不会。很多演讲其实是一件很小的事情，多数演讲者规划一场演讲的时间甚至不会比准备一道爱尔兰炖菜的时间长。

怎么才能在准备好目标的前提下，尽可能高效安排演讲呢？只有通过大量的研究我们才会对此有所了解。演讲者都需要不断问自己这个问题,这是一个永恒的话题,任何演讲者都无法逃避。虽然我们无法拿出一套完整的理论解释这一问题,但是,不管怎么说,我还是可以总结出三个和长篇演讲有关的需要注意的问题:抓住听众的注意力、正文的内容和主要观点。每一个方面都有历史悠久的可以借鉴的办法。

一、开场就吸引听众注意力

林恩·哈罗德·哈夫教授是西北大学的前任校长,我曾经问过他,从他长时间演讲的经验来判断,演讲中最重要的是什么?他沉默了几分钟后,告诉我:"开场白一定要吸引听众的注意力,让听众身临其境。"这句话其实是说服性演讲的关键内容:怎样才能在一开始就得到听众的信任呢?接下来,我们会列举一些小技巧,只要你灵活使用,一定会有一个更加精彩的开场白。

1. 从具体案例开始

罗维尔·托马斯是享誉世界的新闻分析家、学者和电影制片人。在谈论"阿拉伯的劳伦斯"时,他的开场如下:

有一天,我在耶路撒冷的基督街上走着。此时,我看到了一个人,他穿着东方皇族的华美衣服,腰侧挎着一把弯刀,是金制的。这种刀似乎是穆罕默德后裔的专属物品……

他用亲身经历作为开场白,绝对能够吸引听众的注意力。这种开场方式值得借鉴，不会有什么意外。它能够鼓舞人心，抓住听众的注意力。我们愿意听下去，是因为我们认为自己是某个圈子中的一部分，我们对之后发生的一切都充满了好奇。我认为用故事开场是最好的开场方法。

某一次，我演讲时，这样开场：

大学刚毕业的某天夜晚，我独自在南达科他州的休伦街上走着，一位男性站在大箱子上，对着人群说话。我特别好奇，所以也走过去听了起来。那个人说："你们应该没有见过秃顶的印第安人吧？不认识秃顶的印第安妇女吧？今天，我告诉你们原因……"

不用停顿，没有预热。直接用幽默的方式讲故事，你可以在最短的时间内吸引听众注意力。

演讲者用亲身经历开始演讲十分有效。因为他不需要费尽心思想一些内容，也不需要担心不符合主题。他说的是人生经历的一部分，也是生活娱乐的内容之一，是其身体中的肌纤维。这种开场方式的反应如何呢？这种自信而愉悦的开场方式一定会让听众感受到你的友善。

2.设置悬念

鲍威尔·希利先生在费城的佩恩运动俱乐部演讲时，这样开场：

82年前的伦敦，曾经有一本小册子，说了一个故事，这个故事一定会流传下来。很多人把这本小册子称为"世界上最伟大的小书"。它刚刚出版时，在斯特兰德大道或者帕码街上相见的朋友都会问："你看过这个小册子吗？"回答无一例外："当然，上帝恩赐，我看过了。"

小册子出版当天，其销售量高达1000册，两周之内，销售量就达到了1.5万册。之后，这本小册子改版过很多次，而且被翻译成了各个国家的语言。多年之后，J.P.摩根投入大量资金，买下了原稿。现在，它正放置在华丽的艺术殿堂中。那么，这本小册子到底是什么呢？它就是……

你想了解更多吗？听众的注意力被演讲者吸引了吗？你是否感觉到这样的开场已经勾起了你的好奇心呢？难道你不想接着听吗？原因在哪里呢？其实就是因为它引起了你的兴趣，勾起了你的好奇心。

谁会没有好奇心呢？

我猜你很可能也是这样，你会好奇到底是谁写了这本小册子，这本小册子的名称是什么呢？为了满足你的愿望，我现在就告诉你，这就是查尔斯·狄更斯创作的《圣诞欢歌》。

设置悬念一定会让听众感到好奇。我在《人性的优点：怎样消除烦恼，开始生活》这篇演讲中，曾经讲过怎样设置悬念。我的开场如下：

"1817年春天,一位名叫威廉·奥斯勒的青年男性,在一本书上读到了21个字,命运指引着他向举世闻名的内科医生发展,这21个字到底对他产生了什么样的影响呢?"

那么,这21个字究竟是什么呢?对他以后又有哪些影响呢?想必听众对此一定十分好奇。

3.讲一些能够吸引人注意力的事情

宾夕法尼亚大学婚姻咨询服务处的主任克利福德·亚当斯曾在《读者文摘》中发表了一篇文章,题目是《如何择偶》,在这篇文章中,他引用了一个让人震惊的案例,足以让所有人感到惊讶,制造出了一个十分舒适的开场环境。他这样写:

现在,我们年轻人想要把幸福的目标寄托在婚姻上,似乎有些不靠谱了。因为离婚率直线飙升。1940年,每五六件婚姻中就有一件婚姻走向毁灭。1946年,每四件婚姻中就有一件婚姻会走向失败。如果按照这个速度发展,不到50年,离婚率就会高达50%。

还有两个把"让人惊讶的事实"作为开场的案例:

(一)

国防部表示,原子能战争的第一天晚上,就会有

2000万美国人牺牲。

(二)

多年前,《斯克瑞普斯-霍华德》报社花费了17.6万美元,调查客户对零售店的哪些方面不满意。在历史上,这项调查可以说是针对零售店进行的价格最高,最科学,也是最彻底的调查。这次调查的调查问卷面向16个城市的54047户家庭。其中有一个问题是:你对本市零售店的哪一项不满意。

对此,有接近2/5的人表示,店员的态度不好。

这种开场方式让人惊讶,可以让听众和演讲者之间实现有效交流,因为它能够刺激听众的思想。也正是这种让人震惊的方式,出乎听众的预料,瞬间集中了听众的注意力,使他们更加专心听讲。

我们在华盛顿的演讲培训班中有一位学员,曾经使用过这种方式,企图勾起听众的好奇心,她做到了。她就是梅格·希尔,她是这样开场的:

"10年了,我一直是囚犯。但是禁锢我的监狱并非一般的监狱,而是我的不自信,担心被批评,所以在内心深处为自己建造了一座监狱。"

此时,难道你不会对这段真实的生活经历感到好奇吗?

在所有让人感到惊讶的开场中,有一种开场方式应当尽力避免,那就是太戏剧化或者太煽情的设置。在我的印象中,曾经有一位演讲者在开场时就对着天空开了一枪。听众的注意力瞬间被吸引了过来，但他们的耳膜也差点破了。

你的开场需要有礼貌，想知道你的开场恰不恰当，最好的方法就是在晚宴上演练一番，如果不合适，在餐桌上都达不到效果，那么基本可以否定了，多数听众也不会接受。

但是，在很多情况下，承担着引发听众兴趣开场白的内容，却成了演讲中最无聊的一部分内容。比如：我听过一位这样开场的演讲者："相信上帝，对自己的能力有信心一些……"这种说教的开场方式真的很无聊。但是，第二句话就引起了人们的兴趣："1918年，我的母亲守寡了，她带着3个孩子，没有经济来源……"这件事情发生的原因是什么呢？演讲者为什么不用第二句话开场呢？他守寡的母亲是怎样和命运的搏斗，怎样养育3个孩子的呢？

如果你希望听众感兴趣，那么，一开始就避开细节，开门见山地说故事的主题。

《我是如何在销售中从失败走向成功的》的作者弗兰克·贝特格就是这样做的。他绝对称得上是一位语言艺术家，在书的开篇，他就设置了悬念。我知道这件事情，因为美国青年基督会资助我和他进行了和销售相关的全国巡回演讲。我对他充满激情、奇妙的开场方式十分敬佩。弗兰克·贝特格从不絮叨，不说教，不说大道理，不概括，开门见山，他的开场感情丰富：

"我当上职业篮球队员之后，发生了一件让我惊讶的事情，这辈子从来没见过这种事。"

这样的开场效果如何呢？对此，我很清楚，因为我当时在。我看到的反应是，所有人都集中了注意力，大家希望听他说原

因，究竟震惊到了什么程度，他又是怎样处理的呢？

4.告诉听众举手发言

让听众集中注意力最好的办法之一就是要求他们举手发言。比如，在演讲"怎样才能有效缓解疲劳"时，我用下面这个问题开场：

"在座的有多少人在你们感觉到自己疲惫之前就已经疲惫了呢？请举手示意一下。"

需要注意的是：在你让听众举手时，需要提示他们，让他们知道你的目的。不要一开始就说："各位有谁认为应该降低税收，请举手示意。"你需要从语言上，给观众准备投票的机会。你完全可以说："现在，我希望大家能够举手回答一个十分重要的问题，问题是：'有谁认为商业赠券有利于消费者，请举手！'"

在让听众举手参与时，巧妙利用技巧才能得到有效的反馈，即"听众参与"。当你使用这种方法时，你就不会是一个人应对了。因为听众参与了演讲。当你提问："在座的有多少人在感觉自己疲惫之前就已经疲惫了呢？"所有人都会想到他在意的东西：自我、疼痛、疲惫。他不但会举手，还会看看身边有谁举手了，他早已忘记自己是听众。他笑着对邻座的朋友点头，场面自然不会冷。演讲者可以更加轻松，听众也会更加放松。

5.告诉听众怎么能够得到他们渴望的

吸引听众注意力的另一个有效方式就是给他们承诺，如果按照你说的做，就会得到他们渴望的东西。现在，我们举例说明：

"我会告诉你们应该如何避免疲劳。我会告诉你们怎么做，能让自己每天多清醒1个小时。"

"我会告诉你们应该如何增收。"

"我绝对可以说,你们听我演讲10分钟,就能知道怎么样让自己成名。"

如果在开场就做出承诺,听众一定会集中注意力,因为你调动了听众的兴趣。演讲者经常会忽略主题和听众兴趣之间的关系。他们无法吸引听众的注意力,总是用一些无聊的开场白拒绝开启听众兴趣的大门,用一些话题来源,背景对主题的必要性等作为开场。

多年前,我有一次听演讲,主题其实对听众很有价值:定期进行体检是非常必要的。演讲者是怎样开场的呢?他的开场有效吗?是否为这一主题增添了吸引力呢?不,他从无聊的主题背景开始讲述,观众从一开场就失去了兴趣。如果换用做出承诺的方式开场,相信一定会有所不同。比如:

你知道自己的寿命有多长吗?人寿保险公司统计了几百万人的寿命,做成了对生命期望的统计表,以此预估人类的寿命。你的寿命约为现有年龄到80岁之间的2/3……此刻的你,是否感觉生命短暂呢?相信你一定希望可以活得更久,我们企图证明这个说法是错误的。但是,我们又该怎样做呢?怎样才能让生命超过统计表中那个让人恐慌的数字呢?方法是有的,关键在于怎么做,今天,我就会告诉你们这个办法……

这样的开场一定会让听众感兴趣,你一定会继续听下去。这

是必然的，因为演讲者谈论的主题就是你，就是你的生命，也做出了承诺，保证他会告诉你一些有意义的东西，演讲的内容绝不是一些无趣的现实。类似于这样的开场恐怕没有人有抵抗力。

6.利用展示物

世界上最简单的吸引人们注意力的办法就是拿起一件东西，向大家展示。从低级动物到高智商动物，没有人会反对这种视觉上的刺激。即便是对那些面无表情的观众，这也很有效。

比如，费城的S.S.艾利斯先生在我们的培训班上进行过一次演讲，在演讲开始之前他的拇指和食指之间放了一枚硬币。他把手举过肩膀，然后，大家的自然反应就是看向他。接着，他说："在座的每一位，你们有人在人行道上看见过这种硬币吗？听说，见到这枚硬币的人十分幸运，在购买房产时会享受免税政策，但前提是他要交出这枚硬币……"之后，艾利斯先生继续对这种不道德的行为和错误的引导进行了批评。

上面这些办法都具有可行性。在演讲中，可以独立使用，也可以彼此结合。你需要明白，怎样开场对听众认可你和你的演讲至关重要。

二、尽量避开引起不好的注意

我不断强调，你不只是要吸引听众的注意力，还要注意引起他们积极的注意力。请注意我说的话，是积极的。明智的演讲者不会在一开始就羞辱听众，或者说一些让彼此不开心的话。这会让听众对演讲感到厌恶，不管是演讲者本身还是他演讲的话题。

但是，如果换一种方式，演讲者就能成功吸引听众的注意力，现在，我们就说一说这些办法。

1.切忌开场表达歉意

在开场就表达歉意不是明智的选择。我们总说，很多演讲者希望抓住听众的注意力，但是却没有准备好，或者不具备这种能力。如果你没有做好准备，不必道歉，因为听众对此有一定的认知。那你为什么要给听众这种暗示呢？是在向他们表明你不需要为他们准备吗？你在火炉边讲的故事就可以应对他们了吗？这绝对是对他们的轻视。我们想听的并非是道歉，而是一些比较有趣的新闻，或者有意思的故事：牢记这一点。开场的第一句话就要成功吸引听众的注意力，不要想第二句或第三句再抓住他们的注意力。

2.使用幽默的故事开场，需谨慎

或许你已经发现，演讲者大多都喜欢使用幽默的故事开场。由于很多不开心的因素，很多新手也认为他们应该使用一个笑话开场，以此缓解现场氛围。他想象着他很快就具有了马克·吐温的天赋，这绝对是不是一个好主意。很快，你就会发现你把自己放在了进退两难的境地中。幽默的故事可能会使氛围变得很糟糕，因为听众可能很久之前就听过这个故事。

虽然幽默感对所有演讲者来说都是宝贵的资本，但是演讲的开场一定要庄严深沉吗？其实并不是这样。如果你能够激发听众的幽默感，使用最近发生的一些案例，或者演讲家曾经使用过的案例和发表过的演讲，幽默会很合适。当然如果对不恰当的社会现象进行夸大，或许比那些陈旧的笑话更加幽默，而且效果更加

明显。因为这些事和当今社会密切相关，属于新奇的事物。

也许最简单的让现场气氛活跃起来的方式就是讲一个和你自己相关的故事。你可以说一说你荒诞离奇、举步维艰的状况。这样可以打下很好的幽默基础。

杰克·本尼使用这种办法已经很多年了，他是最早的广播喜剧演员之一，很了解自嘲对听众的影响。他把自己拉小提琴的能力、小气和年龄的素材组成笑话，后来，他成了一个幽默达人，越来越有名气。

如果演讲者的目的是有意让自己贬值，那就用幽默的方式表达出自己的劣势和失落，这样听众自然会跟你真诚交流。但是，如果你树立了一个"高傲自大"的形象，或者表现出一副很懂的样子，听众自然就会表现得比较冷淡，甚至拒绝接受。

三、强调主要观点

在进行长篇演讲时，一定要注意，尽量保持简洁明了，所有的内容都要用来论述你演讲的主题。之前，我们已经介绍了很多种论述主题的办法，我们可以通过生活中的事情、经历论述主题，达到说服听众采取行动的目的。这种案例得到了人们的青睐，因为它符合人性中最基本的冲动，用一句话总结就是"每个人都喜欢听故事"。演讲者最喜欢使用的就是意外和事件。但这是并不是论述主题唯一的办法。你也可以使用一些统计数据，用一些使用科学办法处理过的图表、专家建议、类比、展示或者演示等。

1. 利用统计数据

统计数据是用来表现某一种事情的比例结果。我们会对这些数据印象深刻，并且这些数据更能说服人，能够作为一个不可反驳的证据，这是单独的案例无法达到的效果。通过全美各州的统计，我们证实了索尔克的抗小儿麻痹症疫苗技术。个别无效的案例是在允许范围之内的。所以，即便是那些个别的案例，也不会让大家怀疑索尔克的抗小儿麻痹症疫苗技术对孩子的保护作用。

统计本来是很无聊的，所以使用时一定要谨慎。当使用这些数据时，一定要用语言进行包装，使数据更加形象生动。

这里有一个案例，生动地向我们展现了怎样把统计数据和我们熟悉的事情进行对比，从而加深人们的印象。

一位总裁表示，纽约人总是无法马上接听电话，这会浪费大量时间，为了证明这种说法，他说："在电话没有接通之前，100个电话中，7个电话会浪费1分钟的时间，那么一天之内我们浪费的时间达到了28万分钟，每半年，纽约浪费的时间就达到了哥伦布发现美洲以来的所有工作日时间。"

仅仅有数字和数据，是无法让人留下很深印象的。我们还需要列举案例。如果可以的话，我们应该根据生活经验列举。

我曾经在一座大坝的发电厂，听过一位向导的解说。他想跟我们说的是房屋的面积形状，但是这种说法似乎不容易让人们信服。所以，他告诉我们房间很大，足够1万人在标准场地观看足球比赛，且四周能够分出几个打网球的场地。

多年前，我们在布鲁克林中心基督教青年会的演讲培训班中有一位学员，有一次演讲时，他说去年的火灾毁掉了大量房屋。为了

表明房屋的数量,他继续说,如果把这些坏掉的建筑紧挨着排列起来,完全可以从纽约排到芝加哥;如果把火灾当中去世的人按照每半英里放置一个的间距排列,完全可以再从芝加哥回到布鲁克林。

我对他列举的数据并没有留下很深的印象,但是多年之后,那条废墟建筑排列成的路线依然在我的脑海中挥之不去,从曼哈顿岛开始,到伊利诺伊州的库克县结束。

2.引用专家的观点

引用专家的说法,能够有效支撑我们在演讲中的观点。但是在引用时,一定要想清楚几个问题:

首先,我们准备引用的观点准确不准确?

其次,我们引用的观点是否是专业领域的知识?对于经济学上的很多问题,我们习惯引用乔·路易斯的观点,但是我们看中的一定是他的姓名而非他的专业。

再次,我们引用的观点是不是一位著名的、受人爱戴的人说的?

最后,你确定这些资料属于原始资料,没有融入个人爱好和见解吗?

在很多年以前,布鲁克林商会培训班的一位学员,引用安德鲁·卡内基的话谈论专业化的必要性。这种做法聪明吗?确实很聪明,因为他选择的人很恰当,在听众的心目中,卡内基对于经商很有发言权。

我认为无论身处哪个行业,想要取得成功,最好的办法就是熟练掌握业务。我并不认为人需要分割自己的经历。从我的人生经验观察,制造业中几乎没有人有赚钱的天赋,但他们对很多其他行业兴趣十足。取得一定成就的人都是选择了一条路,然后坚持了下去。

3.使用类比

韦伯斯特认为,类比指的是"两个事物之间存在相似的关系……这里所说的相似,指的并非事物本身,而是指事物的特点、环境或者成果"。

使用类比的方式能够很好地支持演讲的主题。C.吉拉德·戴维森还是内政部助理秘书的时候,曾经发表过一篇名为《对更多电力的需求》的演讲,下面是其中节选的一部分,请大家注意他是怎样利用对比、类比的方法支持自己的观点的:

经济繁荣的时期一定要不断发展,不然就可能面临倒退。这就像飞机一样,在地面停留时,可能就是一堆螺母和螺钉组合起来的东西,没有任何价值。但是,在空中飞行时,就会放飞自我,展现其真正的价值。为了飞行,我们必须不断前行。如果不上升,就会下降,因为它不会倒退。

还有一个案例,可以说是雄辩历史上最杰出的类比。内战的关键时刻,林肯以此来回应批判者。

先生们,你们可以想象一下:如果把你手里有些价值的东西全部变卖成金子,交给知名的走钢丝选手布洛丁,让他带着金子从钢丝上穿过尼亚加拉瀑布。那么,当他在钢丝上行走时,你是否会不停晃动绳索,对他喊叫:"布洛丁,低点!快点!"我想你一定不会这样做。反而,你会紧握双拳,直到他安全到达对岸。现在,政府的状况就是这样。它承担着很大的责任,在海浪中穿行。它拥有不计其数的财产。它尽力做到最好。

请冷静下来,不要干扰它,这样它才能带你走向安全。

4.利用展示物

钢铁公司的主管和经销商商讨业务时,总会利用表演,以此说明应该从底部加入燃料,而不是从顶部。他们运用的说明方式十分简单,但却生动形象。一般演讲者都会点一根蜡烛,然后说:

"你看,燃烧的蜡烛火苗多么旺盛,多么明亮啊,其实这是因为蜡烛把所有的燃料转变成了热量,但不会产生烟雾。

"蜡烛和钢铁锅炉一样,是从底部添加燃料的。

"如果我们从上面给蜡烛添加燃料,就像人工加料炉一样,会有怎样的结果呢?此时,演讲者会把蜡烛颠倒过来。

"请大家观察,火苗是如何灭了的。先是闻到了烟的味道,然后听见了噼里啪啦的声音,接着火苗开始发红,这其实是因为燃料没有完全燃烧。最终,火苗熄灭了,所以从顶部添加燃料时,燃料无法完全有效利用。"

多年前,亨利·莫顿·鲁滨逊曾经为《你的生活》杂志写了一篇很有意思的文章,题目为《律师如何胜诉》。这篇文章的主人公是亚伯·胡莫,这个人在受理一家保险公司的伤害案时,是如何表现他非凡演技的呢？

故事中的原告是波斯特维特先生，因为电梯突然降落，他的肩膀受伤了，胳膊无法抬起。

胡莫对此十分关注。他非常自信地说："波斯特维特先生，你现在可以让陪审团围观你的胳膊能够抬到什么程度。"波斯特维特先生费劲地把胳膊抬到了耳朵的位置。胡莫接着说："那么，在你受伤之前，你的胳膊能举到什么位置呢？"原告抬起胳膊举过头顶，说："这个位置。"

从陪审团对这场表演的回应中，相信你很清楚结局是什么。

在长篇演讲的过程中，你可以列举3点，最多4点。最好在一分钟之内把这些要点讲完。如果看着稿子读，那演讲就会变得很无聊。那么，怎样让演讲生动一些呢？不妨引用一些能够证明你观点的资料。通过引用事实、类比和展示的办法，使主题更加鲜活；通过引用统计数据和名人名言，进一步证明真理，表明主题的意义。

四、通过实践检验

某一天，我和乔治·F.约翰逊聊了一会儿，他是企业家，也是一位人道主义者。当时的他是恩迪科特-约翰逊公司的总裁。这家公司的实力不容小觑。但是让我非常好奇的是，他是一位十分优秀的演说家，能够轻松掌控听众的情绪，并且能让听众对他的演讲印象深刻。

他并没有专门设置的办公室，他的办公场所是宽广的工厂角落，那里摆放着一张陈旧的书桌，十分低调，这和他为人处世的方式太像了。

他站起来跟我说："你来得很巧,我这里正好有一份特殊的工作,今天晚上我要面对工人们演讲,这是结尾的部分,我大致写了一点。"

我跟他说："如果能把演讲的内容在大脑中想一遍,你一定会放松。"

他告诉我："我只是做了一个框架,和一个结束语而已,还没有完整的构想。"

他并非专业演讲家,对于华丽的辞藻和洪亮的词句并没有什么要求。但是,他从亲身试验中明白了怎样才能成功交流。他很清楚,如果一场演讲想要获得成功,就必须有一个出彩的结束语。他意识到,想要给听众留下深刻的印象,在结束时需要合情合理地推出演讲的观点。

结束语在演讲中起到了画龙点睛的作用。演讲者在演讲结束后,如果尾音能够在听众耳畔不断响起,那么这些话可能会被听众记忆很久。但初学者并没有约翰逊先生的见解,他们总是在结束的部分有些欠缺。

他们常犯的错误有哪些呢?我们一起来想想补救的方法。

第一,某些人会以下面这种方式结束:"我想说的关于此事的全部都已经说明白了。现在,应该结束了。"这种演讲者经常会迷惑听众,并且没有底气地向听众道谢,这其实就是在掩盖内心的无能为力,这不是结束语,而是表明你是新手。这种错误无法得到原谅。如果你想说的所有东西全部说完了,那为什么不停下来呢?什么也不需要说,什么也不需要做,这样的效果或许更加完美，听众很清楚你的做法代表了什么。

在演讲结束之后，很多人不知道应该怎样结束。乔希·比林斯建议人们在抓公牛时，一定要抓住他们的尾巴，而不是他们的牛角，这是因为抓牛尾更加简单。但是演讲者们总是想从正面抓到牛角，然后奋力甩开。这样一来他们却逃不到安全的区域，比如附近的篱笆或者树桩，因此，他们只能在原地打转，不断重复同一句话，这会让听众反感……

应该怎样挽救呢？结束语一定要提前想好，这一点毋庸置疑。当你站在听众面前时，一定会非常紧张，压力倍增，而且你必须把注意力放在说话的内容上，此时的你还有精力思考结束语吗？如果在你还冷静时就思考这件事，是更加明智的选择。

怎样才能让演讲的结束语更加精彩呢？我的建议如下：

1. 概括观点

长篇演讲包含的内容量很大，到了结尾的部分，很多听众对主题都已经记不太清楚了。但是，大多数的演讲者对此并无意识。他们自以为是地认为听众和自己一样，所有的观点在他们的脑海中十分清楚。但现实并不是这样。演讲者在不停地思考他的观点，但是听众是在接受新的观点，就像是一梭子弹，匆忙飞过。部分子弹可能射中了目标物，但是大多数子弹并没有射中。莎士比亚对这种状况的形容是："记得的事情很多，但是能够记清的却没有。"

一位爱尔兰的政客曾经针对演讲总结出了一个思路："第一，告诉听众你希望表达些什么，然后把你想说的都说出来，最后总结你演讲的内容。"其实，这其中最有价值的建议就是："跟他们说，你刚才说的内容有哪些。"

有一个不错的案例，是芝加哥某铁道交通部的经理进行的演讲，他的结束语如下：

总而言之，各位先生，我们在自己后院操作过这套设备，在东部、西部和北部也操作过这套设备。所有这些经验都证明了，这套设备操作起来十分简便；所有这些案例都证明了这套设备不仅能够预防事故，而且能够节省开支。因此，我确信南部地区应该会很快开始使用这套设备。

你知道为什么这段结束语十分精彩吗？即便你们对前面的演讲内容不了解，但听了这段话也知道演讲的内容了。他只用了几句话，几十个字，就总结了演讲的所有内容。

这个结束语十分精妙。如果你也这么认为，不妨试试这个办法。

2.倡导听众开始行动

上面展示的那段结束语，在倡导人们开始行动上也属于很好的案例。演讲者想要说服听众开始行动，即在铁路线南部地区也使用这套设备。因为这套设备不仅能够预防事故，而且能够节省开支，所以他希望人们开始行动。演讲者的目的就是让听众开始行动，他做到了这一点。这不仅仅是一个关于演讲的练习，面对铁路部门董事会的这场演讲，达到了其目的。

在演讲的结束部分，一定要强调是时候行动了。所以，需要说明你的目的。倡导听众参与、捐赠、投票、写信、去电、购买、拒绝、资助、调查、补偿，或者是你希望他们采取的行动。但是，一定要牢记以下原则：

对听众提出的要求一定要清楚。千万不要说："请对红十字协会伸出援手吧！"这个说法太概括了。你完全可以说："就在今天晚上，让我们把会费送到美国红十字协会吧，它就在史密斯街125号。"

对听众提出的要求应当是他们力所能及的。别说："我们通过投票的方式对酒鬼提出反对意见吧！"这种说法毫无价值，因为我们并不是在现场投票。你可以对听众提出要求，希望他们加入一个戒酒协会，要求他们支持禁酒组织等。

尽量让听众按照你说的做。别说："给议员写信，通过投票否定这项议案。"面对这种说法，99%的人都不会听你的。他们没有兴趣，也会感觉太烦琐，或者根本不知道你在说什么。因此想要事情更加简单，你应当改变做法。你可以自己写信给议员，然后说："我们联名投票反对第74321号议案。"把这封信和一支签字笔交给听众，让他们传阅，也许你得到的签名会更多，甚至根本找不到你的笔了。

演讲与口才

第3章　应用于实践

在最后一节课上,我经常会听到很多学员告诉我,他们在日常生活中是怎样运用这本书中的知识的。对此,我非常开心。销售员的业务量增加了很多,经理人又升职了,总裁的权力进一步增加了,这些都是语言技能提升的结果。学会利用这种高效的语言工具,他们不仅可以提出意见,还可以解决问题。

就像《今日语言》中N.理查德·迪勒说的那样:"说,说的方法,说的详略,说的语调等,所有这些都是商务交流的关键。"R.弗雷德·卡内德是通用汽车公司卡耐基高效领导课程培训班的负责人,在这本杂志中,他也表达了类似的观点:"对于通用汽车的口头表达训练,我们十分好奇,因为我们发现这里的主管没有一个不是老师的,他们具备一定的水平。当他们对应聘人员进行面试时,一定会把这个人之前的工作方式考虑在内,此外,还会想到应该如何安排这个人,给他怎样的发展。作为主管,一定要解释、说明、申斥、通知、指示、评论，需要和各部门的成员讨论各种问题。"

只要我们不断提高口头交流的能力，一定会有所发展，可以参加某些会议、开始当众演讲、做出决定、解决麻烦、说明办法——同时，我们还会发现，就像这本书中说的那样，演讲的技巧在日常生活中同样有价值。进行高效的当众演讲的法则，在普通会议和领导会议中也会发挥作用。

如何组织表达观点，如何恰当选词用句，如何饱含热情，所有这些都是追求完美表达的人需要考虑的问题。而这本书中介绍了所有相关的技巧，之后就看读者们在生活中怎样灵活掌握这些技巧了。

或许你会想，前面这些章节中所说的东西究竟应该在何时应用。对此，我的答案只有一个：马上。可能对这个回答你感到有些奇怪。

即便你不需要当众演讲，但是，我可以确定，你每天都有机会实践这本书中提到的技巧和原则。从现在开始就把这些技巧应用到你的生活中，从下一句话就开始应用。

如果你对你所说的话认真思考，你一定会发现，日常生活中的交流和一些正式场合的交流存在很多共同点，这一点会让你感到震惊。

在本书第三篇中，我曾经强调过在当众发言时，要记住4个目标中的一个，即分享观点、生产快乐、劝说他人认可你的想法，或者说服他们开始行动。在当众演讲时，我们一定要牢记上

面的目标，同时，讲话的内容和表达方式也必须清楚。

在日生活交流中，说话的目标并不是完全不变的，彼此之间会不断转化，互相影响。也许此刻的我们能够毫无顾忌地交流，但是下一秒便需要推销商品了，或者说服一个孩子把零花钱存入银行。如果在日常交流中使用这本书中介绍的技巧，我们的生活效率一定会变得更好，使自己的思想更好地表达出来，更好地激励别人。

一、应用于日常生活中

我们选择一个技巧说明。在第二篇的第一章中，我建议你们在说话时加入一些细节，这样会让你的观点更加形象生动。当然，这里所说的是面对众人演讲。但是，细节在日常生活的交流中难道没有价值吗？现在希望你回想一下你脑海中那些有意思的演讲家们，他们在演讲的时候不也加入了鲜活的细节，不也表现出了杰出的演讲才能吗？

在你准备把你的演讲才能公之于众时，你需要对自己充满信心。对于这一点，我们在这本书开始的时候都提到了。它确实有效，也能让你感到更加安全，让你勇敢地融入他人，有勇气在一些非正式场合表达自己的想法。一旦你渴望表达自己，即便在一个小场合中，你也会主动收集资料，为演讲选择资料。这样，你就会发现一个奇迹诞生了——你的视野逐渐开阔了，你对人生会有很多新的想法。

家庭主妇的兴趣范围似乎比较小。但是当她们开始在生活中使用演讲技巧时，会很乐意在小圈子中发表自己的感想。

R.D.哈特夫人在辛辛那提时，对她的朋友说："我发现，当我自信时，我敢在公众场合大声发表言论，我对时事有了兴趣，不惧怕跟人聊天，反而变得积极了。此外，我还发现我的很多经历都可以作为谈资。我觉得我对很多新的活动产生了好奇心。"

作为教授演讲技巧的老师，收到哈特夫人的感谢，我完全没有惊讶。只要激发了学习和使用这些技巧的动力，所有的行动就会自然出现，并且彼此之间会相互作用，让我们的人生更加活跃，由此形成一个良性循环。就像哈特夫人，只要我们把这本书中介绍的原则一一实践，就一定会更加充实。

虽然我们的职业并非老师，但是我们却经常需要向他人表明我们的目的。例如，父母教育孩子，邻居互相教一种修剪玫瑰花的办法，游客提议最好的旅游路线，我们总会遇见这种情况，这需要我们理清思路，生动表达。在《说明性演讲》一章中，我们所谈的那些技巧在这些场景中同样有效。

二、应用于工作中

现在，我们要说的是这些演讲技巧对工作产生的影响。不管是销售员、经理、职工、主任、总裁、老师、护士、总经理、医生、律师、会计，还是工程师，我们都肩负重任，需要对专业知识进行解答，并提出专业的指导意见。一般来说，领导都会根据我们是否能用简练的语言解释某些事情来判断我们的能力。那么，怎样才能快速思考，顺畅交流呢？这通过练习演讲可以实现。但是，这些技巧不是只能在正式演讲中使用，其实每个人在每天的日常生活中都能用到。现在，企业界、政府机构和各行各业都开设了有关交流沟通的课程，这进一步证明了在现代社会中，清楚地使用语言表达思想是多么重要的一件事。

三、抓住当众演讲机遇

在日常生活中经常使用这本书中提到的技巧，你一定会获益匪浅。但这还不够，你需要抓住所有当众说话的机会。应该怎么做呢？你可以加入俱乐部，那里经常会举行当众演讲的活动。你的身份不仅是一个默默无闻的成员或者听众，而是参与者，加入组织性的活动中。这些工作的内容一般都免不了向他人请求帮助。如果身份是节目的主持人，那么你就可以和很多语言大师接触，当然需要介绍他们。

只要有机会，就尽量争取半小时左右的演讲。在演讲时，注意使用这本书中提到的那些建议。告诉你的俱乐部或者组织，你对于这次的演讲做了充分的准备。或者你可以到镇上的宣传部门寻找演讲机会。此外，募集基金的活动也需要演讲的志愿者。他们会告诉你很多讲话的技巧，这对于锻炼你的演讲能力十分有利。大多数演讲家都是这样开始的，后来他们获得了成功。

萨姆·利文森就是一个很好的例子，他是一个广播电视明星，同时也是一位演讲家，全国人民对他的演讲都十分喜欢。他在纽约担任一所高中的教师，在业余时间，他总会用简练的语言，对了解的领域发表观点，包括家庭、学生、工作等，因此受到了人们的欢迎。很快，全国各地都邀请他去演讲。那时候，他的身份只是网络节目邀请的嘉宾。但没过多久,他就进军娱乐圈了,并将重心放在了这一领域中。

四、坚持下去

在我们学习法语、高尔夫球的过程中,总会遇到一些困难,学习当众演讲自然也不例外。我们会遇到很多困难、麻烦,甚至可能难以继续进步。接着,在之后的一段时间内,我们会站在原地,甚至退步,丢失以前的专长。很多心理学家把在这段原地踏步或者退步的阶段,称为"学习曲线图中的台阶部分"。学习当众演讲的学员们一定会面临困难,而且这种困难的处境会持续数周。他们也许感到前方的艰难险阻是他们无法突破的。一些意志不坚定的人可能会丧失希望,然后放弃。但是意志坚定的人会继续坚持,很快,他们会发现前途一片光明,在没有意识到时,他们已经进步了很多。他们就像是坐了一架飞机,很快就穿过了高原。用不了多久,他们就会更加自信,话语也会更有力量。

这本书中所说的很多问题,你可能都会遇到,比如开始站在听众面前时,你会觉得害怕、激动甚至紧张。但即便最伟大的音乐家,在进行了数不清的公演之后,也无法摆脱这种情绪。巴德列夫斯基端坐在钢琴前面时,总会感到紧张,会忍不住翻袖口。但演奏开始,他所有的胆怯都会消失不见。

或许你也有过类似的经历。如果你能坚持下去,很快就会获得成功,战胜开始的恐惧感。其实开始的恐惧并没有什么。只要我们开口说几句话,就能控制住情绪,就可以轻松地说下去。

演讲与口才

某次,林肯收到一位对法律很感兴趣的年轻人的来信,希望林肯提出建议。林肯在回信中告诉年轻人:"如果你决定要做一名律师,那么这件事情已经成功一半了……你要牢记,如果希望获得成功,那么你的决定高于一切。"

林肯很清楚,因为他早就明白了这一点。林肯一生,基本没有上过学。他每次借书都要走50多英里路。小木屋中有一堆柴火,整夜整夜地燃烧着。他凭借着这点光亮读书。小木屋墙上的木头出现了不少裂缝,林肯的书就这样放着。早上,天色刚亮,林肯就从铺满树叶的床上起来,揉揉惺忪的睡眼,拿起书读了起来。

他经常走二三十英里的路,就是为了能够听他人演讲。听完回来,就在田间、树林或者吉利维尔村琼斯的杂货店聚集的人群前演讲,这对他来说是练习。他加入了新塞勒姆和斯普林菲尔德的文学辩论社团,讨论时政。面对女性,林肯总是很害羞,他追求玛丽·托德时,总是坐在客厅,不敢多说一句话,因此他对她总表现得很顺从。但就是这个人,经过努力和学习,成了著名的演讲家,甚至和当时最杰出的雄辩家道格拉斯议员展开过争论。就是这个人,在葛底斯堡发表的第二次就职演说,成了数一数二的奇迹。

跟林肯经历过的艰难险阻相比,这些真的不值一提。林肯说:"如果你决定了要做一名律师,那么这件事情其实已经成功一半了。"

白宫总统的办公室中挂着亚伯拉罕·林肯的画像。西奥多·罗斯福总统曾说:"当我准备做一个决定,尤其是这个决定很难做出,涉及各方利益时,我就会看看林肯,想想如果他是我,会怎么办。这听起来似乎很奇怪，但是，这确实让我解决了不少难题。"

尝试用罗斯福的办法解决问题吧！为什么不这样做呢？当你企图成为知名演说家时，当你遇到挫折想要半途而废时，何不问问林肯此时会如何选择。我想你很清楚他会如何选择，你很清楚他会做什么。在美国议会选举时，他输给了斯蒂芬·A.道格拉斯，但他却告诉同伴"切勿因为一次或者多次的失败就半途而废"。

五、相信努力就会有收获

我希望你每天早晨都会翻看这本书，直至把威廉·詹姆斯教授的话牢记于心：

年轻人不要被学历束缚，不管学历高低，只要你真正用好每一天，就一定会有所收获。他可以自信满满地期待某个美好的清晨，发现自己已经成了曾经想要成为的人，而且是一个十分优秀的人。

现在，以知名的詹姆斯教授的这些话为基础，我想告诉你，只要你足够努力，一定可以信心百倍地渴望某个美妙的清晨，看到自己成了这个社区甚至市区中最优秀的演讲者。

不管现在的你觉得这个梦想多么遥不可及，但它确实是真理。当然，也有一些个例不符合这一点。如果一个人的心理素质较差、性格懦弱、缺乏知识，他是不会成为丹尼尔·韦伯斯特之类的优秀人物的。但是，一般情况下，这条原则是正确的。

我简单举例说明：斯托克斯先生是新泽西州前州长，他参加了我们在特伦顿培训班的毕业聚餐。他说，那天晚上他听到的演讲，简直可以和华盛顿的参议院和众议院中发表的演讲媲美，甚至有过之而无不及。商人们组成的特伦顿的"演讲家"在几个月之前站在听众面前时，还会瑟瑟发抖，一句话也说不出来。他们并非生活在古代的西塞罗，而是新泽西州的商人，是所有美国城市中都能够看见的普普通通的商人。但是，他们在某一天睡醒之后，竟然发现自己已经成了本市甚至全美国最知名的演讲家。

我渐渐意识到，越来越多的人正在努力提高当众演讲的自信心和能力。在取得成功的人中，天才只占其中的一小部分，大多数人都是我们常见的商人，但是他们却从未放弃过。或许天资聪颖的人会因为懦弱无法坚持到最后，但是平凡的人只要吃苦耐劳，坚持不懈，就一定会成功。

这与人类和自然的规律一样。各行各业中都存在类似的事情。约翰·D.洛克菲勒先生曾说，要想在事业上获得成功，要做的第一件事就是保持耐心并相信付出一定会有回报。其实演讲是否能够获得成功，这一点也至关重要。

多年前，我曾经想过要登上奥地利的阿尔卑斯山怀尔德·恺撒峰。但是《贝德克尔旅行指南》中曾经提到攀登此峰存在一定的难度，因此对于一位非专业的登山者而言，需要找人指导。我和另一位朋友虽然都是业余的，但是并没有找人指导，因此有人问过我们能不能成功登顶，我们的回答是"肯定能！"

他问我们："为什么拥有这种自信？"

我回答说:"那些没有找到向导的人不也取得了成功吗?所以,我很清楚,我也一定不会有问题,而且我从来没有想过会失败。"

在做每一件事情时,我们都要具备这种心态,不管是演讲还是攀登珠穆朗玛峰。

你能否获得成功,最关键的问题是你演讲前是否认真思考了。我们可以设想一下,如果你在和他人谈话时控制能力很好会怎么样。

其实,这一点对你来说并不难,你一定能够做到。只要你相信这一点,你就会获得成功。

在我们开设的演讲培训班中,大部分学员学到的最有价值的东西就是提升自信心,他们相信自己能够获得成功。一般来说,一个人想要获得成功,最关键的是什么呢?

爱默生说:"缺乏激情的人什么都做不到。"这不仅仅是一句用词精确的文学语言,更是通往成功的导航仪。

在耶鲁大学中,最受人们欢迎和尊敬的老师是威廉·莱昂·费尔普斯。他创作了《教书热》一书,在书中,他这样写道:"对我来说,最好的艺术和职业就是教书。对此,我充满热情,我喜欢这件事情,就像是画家酷爱画画,歌唱家喜爱唱歌,诗人迷恋写诗一样。我每天清晨起来之前,脑子里都是这群活力四射的学生。"

有一位老师热爱他的职业,对工作充满了兴趣,并且也获得了成功,这有什么奇怪的?费尔普斯的学生受他的影响很大,很大程度是因为他在教学的过程中富有激情,充满爱心,而且不失热情。

如果你对待高效演讲这件事情充满了热情,就会发现在你前行的过程中,很多困难都消失得无影无踪了。当你在高效交流中投入了大量的天资和潜力，这必然是一个挑战。想象你或许能够拥有自信、决心和从容，你能够引起他人的注意，带动他人的感情，说服他人开始行动，想象你即将掌控一切，你会发现，在提升自我表达能力的同时，你的其他能力也得到了显著提高，因为提升说话能力是十分明智的一件事情，会让你在工作生活的各个方面都充满自信心。

在戴尔·卡耐基的教师指南手册中这样说："只要学员们意识到，他们能够吸引听众的注意力，能够得到老师的称赞，能够得到同学的鼓励，他们潜在的力量就会被激发出来，他们就会更加勇敢，更加淡定从容。结果会怎样呢？他们会试图完成那些从来不敢奢望的事情。他们会发现站在众人面前演讲也不是什么难事。他们会更加积极地加入商业活动、专业活动和公共活动中，并且他们会成为领军人物。"

我们在之前的书中多次提到了"领导力"这个词。在现今社会中，领导力的表现之一就是表达清楚，蕴含力量，能量十足。从私人见面到公开演讲，领导者表达出来的东西必须能够包括他所有的思想。适当利用这本书中提到的技巧，你在家庭、教会、社区、公司、政府等领域的领导能力会得到显著提升。